ビビリの人生が変わる逆転の仕事術

人材育成コンサルタント
北 宏志
koji kita

ミオブックス

否定されるのが怖くて 他人の目が気になる 「ビビリ」のあなたへ

私は常に「周りからどう思われているのか？」「嫌われてはいないだろうか？」と、日々、疑心暗鬼で過ごしています。

子どものころは親や先生に、学生時代は先生や先輩に、新卒で採用された教員時代は生徒や保護者、周りの先生方に、その後転職したランドセルメーカーでは、共に働く社員やお客様に、そして今は、私の研修を受講される方やクライアントに、どう思われているのか気になって仕方がありません。

私は、みなさんと同じ典型的な「ビビリ」の一人です。

ですが、「周りから嫌われたくない」「評判を落としたくない」というのは、私が一生懸命働く上での大きなモチベーションにもなっています。叱られたり、批判されたりするのはもちろん、「あいつは、使えないやつだ」とも思われたくないので、どんなことにも全力で取り組まざるをえないからです。しんどいようですが、私はこんな風にしか生きていくことができません。

一見、順風満帆に見える私の本当の姿は……

私は「リーダー向け部下指導研修」「若手向けパフォーマンス向上研修」「新入社員研修」などを中心に、年に130回以上の研修・セミナーを担当している研修講師です。銀行系シンクタンクや商工会議所などが主催する〝定期開催セミナー〟の依頼リピート率は90%を超えています。

ビジネスの世界に入る前は、私立・立命館大学に関係する中学校・高校で6年間の教員生活をしていました。教員時代には、キャリア教育、国際理解教育を専門とし、海外研修にもたびたび生徒を引率。また、指導していた剣道部では各種大会で入賞者を多数輩出しました。

教員を辞めたあとは、ララちゃんランドセルを製造・販売する株式会社羅羅屋《ららや》に転職。震災後の福島で新工場の立ち上げを経験し、2013年からは中国の関連会社に出向。現地法人の役員・販売責任者として経験を積みました。人脈ゼロの状態でしたが、「你好《ニーハオ》」「謝謝《シエイシエイ》」「青椒肉絲《チンジャオロースー》」の3つの言葉と「剣道」を武器に、まだ誰もランドセルを知らなかった中国で、ランドセルブームを巻き起こすことに成功。3年間で売上げは9・7倍に拡大し、年商1億円のビジネスに成長しました。

教員としての経験とそのときの中国人部下を多数指導した経験がグローバル人材育成に興味を持つきっかけとなり、2017年、人材育成コンサルティング会社「株式会社ポールスターコミュニケーションズ」を設立し、現在に至っています。

……と、こんな風に自己紹介をすると、私が順風満帆な人生を送っているビジネスパーソンのように思われるかもしれません。「どこがビビリなんだ」と、感じる人もいることでしょう。

実は、教員を辞めることになった理由は、周りの期待に応えようとしすぎたあまりに発症した鬱病だったのです。

弱い自分だからこそ、弱い人の気持ちがわかる

教員時代は、生徒を第一に考えながらもうまくいかず、何度も悔しい思いをしました。他人の目が気になり、やがてどうしたらよいのかわからなくなってしまったのです。心療内科に通い、薬を飲みながら、家にいる日々が数か月間続きました。現在はすっかり完治し、今ではこのつらい経験があったからこそ、弱い自分を受け入れ、自分とうまく付き合う方法を見つけられたのだと思っています。

ですが、「周りから嫌われたくない」「評判を落としたくない」という私の本質の部分は変わっていません。なので、自分と同じような人を見ると、その気持ちが手に取るようにわかってしまうのです。

自分に自信が持てず、常に不安な気持ち。

他人の目を気にしすぎて、仕事に行くのがつらく、しんどい気持ち。

人間関係がうまくいかず、モチベーションがどうしても上がらなくて鬱々した気持ち。

そのくせ、臆病であるにもかかわらず、人の輪の中心にいたいという矛盾したところもあるのが厄介です。影響力を発揮しようとオーバーな言動をしてしまったり、必要もないのに自分はすごいんだぞと変にアピールしてしまったり……。「そんなこと言わなきゃいいのに」と、周囲には思われているのにそれには気づかない自分。周りの人が離れてしまうのが怖いくせに、ときには高圧的な態度を取ってしまうこともあります。

もしかしたら、あなたの周りにもいませんか、そんな人。

実はこれ、臆病の裏返しで、虚勢を張っているだけなのです。

私を含めてこういうタイプに共通するのは、他人に正面から批判や否定をされると、とたんに何もかもが気になりはじめて、仕事や勉強が手につかなくなり、落ち込んでしまうことです。自分の恥に気づいて「穴があったら入りたい」と、必要以上にブルーな気持ちになってしまうのです。
つまり、ひと言で言うと、「めっぽう、打たれ弱い」ということになります。

臆病&ビビリを活かす生き方もある

冒頭にも書いたように、私は現在、年間130回以上、銀行や商工会議所、企業などで研修講師をしています。新入社員には社会人の心構え、若手社員にはモチベーションの上げ方、中堅社員にはリーダーシップ、幹部社員には部下マネジメント、他にも営業に特化した研修などもあります。

いったいどうやって、打たれ弱くて、否定されるのがめちゃくちゃ怖い私が、そんな風に仕事ができるようになったのでしょうか。

この本は、失敗を恐れる「臆病」で「ビビリ」な性格を、逆にひとつの能力として仕事に活用する方法をテーマに、私の（失敗談も含めた）経験を出血大サービスでお伝えしようと書いたものです。

私は出張でよくミャンマーに行きます。街を歩いていて、知らない人でも目が合うと、ミャンマーの人たちはみんなニコッと挨拶をしてくれます。歩いているだけで、なんだかご機嫌になれます。

そしていつも思うのです。日本も同じようになれば、毎日が楽しくなる人がもっと増えるのではないかと。

人は元来、困っている人がいたら助けたいと思うものです。しかし、自分に余裕がなければ、手を差し伸べることもできません。「みんなが助け合って、協力し合いながら、楽しく豊かな人生を過ごせるようになるといいな」と考えて、私は仕事をしています。

だからこそ、自分の経験を赤裸々にお伝えしますし、その経験が今の自分を作っていると胸を張って言えます。私のような臆病な人間がどのように生活して、仕事をしているのか、「自分もあるある」とか、「自分よりもビビリだ」などと笑いながら読んでいただければ幸いです。

本書の裏テーマは、ズバリ「臆病者あるある」でもあります。

本書を手に取ったすべての方が、明るく・楽しく・元気よく・前向きになって欲しいと心より願っています。

目指すは、否定されるのが怖い「ビビリ」の栄養剤。それでは始めていきましょう。

目次

第2章

心配性な自分を活かす

第3章

他人の目が気になる自分を活かす

第1章

臆病な自分を活かす

口には出せないけれど「臆病で何が悪い」といつも思っている

自分が臆病だと認識したのは小学校1年生のときです。

今でも鮮明に覚えています。それは、いやいや親に連れて行かれた地域の体育館で「剣道少年団」の練習を見たときのことです。みんなが棒を振り回して殴り合いをしていることに大変な衝撃を受けました。先生の声の大きさにビビり、「絶対にこんな危険なことはやらないぞ」と、心の中で叫んでいたのです。ところが、親の「宏志、剣道をやりなさい」のひと言に、そして、先生の「一緒に頑張ろうな」のひと言に全く抗うことができませんでした。

最初は嫌で仕方がなかった剣道も

当時、猫背で、やせっぽちで、内気だった私のことを、親はとても心配していたのだと思います。雨の日も風の日も熱が出ても、親は車で私を道場に送ってくれました。先生がとにかく怖く、稽古の前日から憂鬱で仕方がありませんでした。稽古に行けば気分が晴れるかというとそうでもなく、道場の女の子にも負けてばかりでした。

ちなみに私の故郷は札幌の隣町の江別で、車でないと道場に通うことができません。しかも、週に2回です。高学年になると、週末に札幌中央体育館での朝稽古にも連れて行かれました。当たり前の話ですが、いやいや稽古に通っていては上達するはずもありません。そのくせ、私は試合で負けると悔しくて涙を流していました。

ようやく勝てるようになってきたのは、小学校4年生の秋の市民大会からです。そのころから身体が大きくなってきたのがよかったのだと思います。いきなり準優勝したのですが、一番驚いたのは自分自身でした。決勝戦で負けてしまったのは、やっぱり私がビビリだったのと、「賞状が確定した」という点で、どこか安心して気が抜けてしまったからだと思います。

いつしか人生に欠かせないものに

そんなことの繰り返しで、かれこれもう30年も剣道を続けているのですから、自分でも驚いてしまいます。私の性格の本質的な部分は、剣道を始めたころとほとんど変わっていません。

ですが、あれほど嫌だった剣道が、今では自分の人生には欠かせないものとなっています。

中国駐在時には剣道のおかげで友人に恵まれ、ビジネスにもつながりました。まさに、「交剣知愛」「継続は力なり」を体感し、世界中に剣友がいることが、私の大きな宝になっているのです。

01

臆病な自分だからこそ相手の気持ちに敏感になれる

私は20代後半で鬱になるまで、自分が臆病で、気持ちが弱いことを周囲にできるだけ見せないように生きてきました。「他人からどう見られているか、周囲からどう思われているのか、気になって仕方がない」と言えるようになったのは、実は最近のことです。

臆病な人は、どうしてもマイナス思考になりがちです。

よく相談を受けるのは私が臆病気質だから

以前、私のセミナーを受講してくれたことのある女性で、個人で事業をされている方が、「自分に自信が持てない上に、自分のことが大嫌いです。どうしたら前向きになれるのでしょうか？」と、相談に来てくれたことがありました。

この女性は会社勤めのときはうまくいっていたのですが、独立してから事業もプライベートもうまくいかなくなり、自分にすっかり自信が持てなくなったそうです。

私はまず、「どんなことが不安なのか？」「どんなことに悩みを持っているのか？」

を、聞かせてもらいました。話を聞くと、仕事や人間関係のことで思うようにならず、すっかり自信をなくして、ずっと一人で苦しんでいたことがわかりました。そして、彼女は話しながらポロポロ泣き出してしまったのです。カフェだったので、きっと周りの人たちは私が彼女を泣かせたのだと思っていたことでしょう。そんな視線も気になりつつ、私は彼女が話し終えるまで、メモをとりながら耳を傾け続けました。

彼女は、何度も「自分なんか」という言葉を使いました。「世の中に〝自分なんか〟必要ないんじゃないか」とも言いました。その気持ちは、私にもよくわかります。同じことを、長い間、そう30歳を過ぎるころまで感じていたからです。

彼女が私に心を開いて相談してくれたのは、私がセミナーの講師だったという理由だけでなく、きっと私の性格や本質を敏感に感じ取り、気持ちを理解してくれると感じてくれたからだと思います。振り返れば、私は中学時代から男女を問わずさまざまな友人から頻繁に相談を受けていました。恋の話、進路の話、部活の話などなど……。悩んだり、苦しんだりしている人たちが私に相談をしてきたのは、間違いなく私が臆病気質だからです。

自信にあふれた強い人には、人は本当の苦しみを打ち明けたりしないのではないでしょうか。

「できたことリスト」で自分と対話をする

私は彼女にこんな提案をしました。それは、「できたことリスト」の作成です。私自身、苦しいときには、今でも実践している手法です。

①毎日、自分のできなかったことではなく、自分ができたことを探す。

②よくできたことを記録する。手帳に書いても、ノートに書いても、携帯電話のメモ機能に打ち込んでもＯＫ。

やることはこれだけです。彼女にはそれを3か月、毎日続けてもらいました。

実は、私はこれを7年も続けています。大したことは書いていません。


「ベンチプレス70キロ3回上げられた」

「サウナで砂時計3回3セット達成」

「1か月半で体重を8キロ落とした」


だいたいこんな内容です。日々、思いついたタイミングで、iPhone のメモ機能に書き残しています。そして、その「できたこと」は、今では2000個以上にもなりました。時間があるときに見返しては、自分のモチベーションアップの種としています。

これは、移動時間中に最適な過ごし方です。

さて、約束の3か月後、彼女が記録したものを見せてもらうと、「本当に臆病な人、自分に価値を感じていない人が書いたもの?」と、驚くほど前向きなことが書かれていました。

「既存のお客様へのフォローの電話を10件できた」

「お客様訪問時の手土産を喜んでもらえた」

「駅の階段で重い荷物を持っている人を助けた」などなど……。


「できたことリスト」の作成は、他人のために行うものではありません。自分のためだけに書けばよいので、自然と自分の本音と対話ができるようになります。彼女は、以前よりずっと前向きになり、何事も楽しめるようになったと話してくれました。

要は自分の心の持ち方次第

臆病を悪と捉えるか善と捉えるかは、あくまで自分次第です。

臆病だからこそ、「相手の気持ちに敏感になれる」→「相談に乗れる」→「相手が元気になる」→「自分に喜びが還ってくる」と、捉えることもできるのです。

自分の心の持ち方ひとつで、楽しくなったり、そうでなくなったりします。

誰の人生も四六時中うまくいくことなんてまずありません。自分に自信がなくなりそうになったときにどうするか。そんなときのための処方箋を持っておくことが、臆病な自分とうまく付き合っていくコツでもあるのです。

02

しんどくならないように
自分のためのルールを作る

臆病な人の共通点のひとつに、「一人ぼっちになるのが怖い」というのがあります。端的に言ってしまえば、寂しがり屋。私はまさにそうで、仲のよい友人や親しい人からは「図体がでかく、声も態度もでかいくせに、寂しいと死んでしまうウサギみたいなやつだな」とよくネタにされます。また、常に動いていないと落ち着かないことから、「ウサギのくせして、マグロみたいだしな」とも。自分でも全くその通りだと思います。

周囲の目があるから一人が苦手

今でもそうですが、一人で外食をするのが苦手です。一人で行けるのは、カウンターになっているラーメン屋さんか、牛丼屋さんくらい。

その理由は、一人でテーブル席に座っていて、見ず知らずの人から「友達がいない人」「寂しい人」と思われるのが嫌だからです。まさに超自意識過剰。周りの人が誰一人私に興味を持つこともなく、目もくれないとわかっていても、私はどうしても嫌なのです。もちろん、一人で映画に行ったり、一人でカラオケに行ったりすることも、同様の理由でありえません。

世の中には、一人でフレンチレストランに行ったりすることができる人もいます。バーのカウンターで一人グラスを傾けている人を見ると、羨ましいし、かっこいいなと思います。

そういう人に「寂しくないですか？」と聞いたことがあるのですが、「誰に気を使うこともなく、自分の好きなように時間を使えて気が楽だよ」と言われてしまいました。確かにそうだろうなとも思います。でも私は、友人とワイワイご飯を食べたあと、家でシャワーを浴びて、『報道ステーション』を見ながら一人でハイボールを飲む時間が至福のときなのです。

そのくせ、仕事が休みの日でも家で一人じっとしていることはありません。ありませんというより、できないのです。「身体が疲れているから目が覚めるまでゆっくり寝て、溜まっている本を読み、見たいと思っていた動画を見よう」と、前日に計画を立てるのですが、それを実際に行動に移すと、「あー寂しいな」「誰かと食事がしたいな」と思い始めて、結局出かけてしまうのです。人の目を避けたいのに、寂しい1日は嫌なのです。我ながら実に面倒な性格だと思います。

一人が嫌なのに他人に気を使うのもダメ

旅行も同様です。まとまった休みが取れるときには、積極的に海外旅行に行くことにしています。それは、さまざまな国の文化や食に興味があるだけでなく、講師という職業柄、実際に見て感じたことを伝えられるネタ作りが必要という面もあります。また、ビジネスの種を探す意味合いもあります。

これだけ聞くと「なんだ、そういう割に一人旅しているじゃん」と感じるかもしれませんが、実際のところは、友人がいる、あるいは友人が滞在している国にしか行きません。いや、行けません。

友人がどんなところで暮らしているのかを知ることはもちろん、ときにはその国の剣道の稽古に参加させてもらったり、地元のローカルフードを食べたりして過ごします。また、その友人の紹介で新たな友人を作ることができるのも旅の醍醐味です。

超寂しがりやで、友人とワイワイ一緒にいる時間が嬉しい。輪の中心にもいたい。にもかかわらず、たとえ友人であっても、人と一緒にいると気を使うことが多いので、友人宅に泊めてもらうことはめったになく、ホテルに宿泊します。友人からは「泊っていいよ」という言葉をもらい、嬉しくなるのですが、気を使いすぎて心が疲れてしまうのが自分でよくわかっているからです。丁重にお断りして、ホテルを予約するようにしています。

これは私が決めているマイルールのひとつです。

面倒な自分のためのルールをつくる

私は北海道弁で言うと「いいふりこき（かっこつけたがり）」で、実に面倒な人だと思います。でも、これを変えることができないのは、誰よりも自分がよくわかっています。かっこつけで、その上、どうしても他人の顔色をうかがってしまう性格は、変えられない。自分をさらけ出すことがみっともないとか、否定されたらどうしようと常に考えているくせに、完全に一人ではいられない。そのあたりのバランスを、マイルールで私は乗り切っているのです。

しんどくならないようにするためのマイルールはこんな感じです。

①半年くらい先に楽しいことをあらかじめ用意しておく

私は、半年程度先の旅行をいつも決めるようにしています。友人に連絡を入れ、フライトやホテルの手配まで完了させます。少し先に楽しいプランを立てておくことで、モチベーションを高めておくのです。少しくらい嫌なことがあったとしても、「これを乗り越えれば楽しいことがある」と思えば、モチベーションは維持できるものです。多少早くやっておけば、フライトもホテルも安く手配できるので、一石二鳥です。

②仕事関係以外の人と定期的に会って関係性を継続しておく

私の場合は、剣道関係の飲み会への参加です。仕事以外の方と話をすることでリフレッシュでき、「また頑張ろう」と思うことができます。比較的時間を取りやすい友人たちと会うことで、溜め込んだマイナスエネルギーを発散しています。

③危なくなるときのシグナルが出たらひとまず寝る

一度鬱になっているので、シグナルが黄色になりかけたときは完全にリセットします。１ミリたりとも眠気がなくなるまでひたすら寝ます。私の場合はこれをやるとモチベーションが回復します。

……と、自分の正直な気持ちとマイルールを書きましたが、これらは全部、他人に迷惑をかけず自分の中で完結できることです。面倒な性格だと思いますが、誰かを怒らせることもありません（多分）。

だから、あなたも大丈夫です。自分にフィット感のあるマイルールを築いておけば、きっと楽になるでしょう。少なくとも、しんどくなることは減るはずです。

03

臆病気質を活かすために「できる」と宣言をする

日々、企業研修でさまざまな方にお会いします。成果が出ないと苦しんでおられる受講者の多くが、「知識不足と経験不足が悩み」と言います。そういう方に私はいつもこう問いかけます。

「毎日、勉強しておられます。毎日、さまざまな経験を積んでおられます。ではいったい、いつになったら、あなたの経験値は上がり、あなたは知識が足りていると感じられるようになるのでしょうか?」

この質問にすっと答えられる方はほとんどいません。

誰もが最初は経験不足で知識不足

今、華々しく成果を上げている人でも、最初は経験不足で知識不足の状態からスタートしています。いくら勉強しても、いくら経験値を積んでも、わからないことはいくらでもありますし、想定外の出来事は数多くあるものです。状況も刻々と変化していきます。そう考えると、完璧な状態というのは、いつまでたってもどこにもありません。ですから、経験不足や知識不足そのものを悩むのは間違っているのです。

お客様と対面するときに、自信のなさそうな態度や振る舞いをしていると、信頼を勝ち得ることは難しいでしょう。営業パーソンの場合、特に「できないこと」をそのまま「できない」と言ってしまえば、話はその場で終わりです。ですから、可能な限り「できる」と言うようにしてください。「できる」と言い切れない場合は、「実現できるよう、上司と相談して参ります」という答え方もいいでしょう。そうすることで、話がそこで終わらず、先に進めることができるようになります。

その場その場でわからないことを学んで、先輩の助けを得ながら成長していけばいいのです。

あえて自信があるように振る舞う

経験不足や知識不足であったとしても、相手に不安を与えないようにするため、さらには相手に納得してもらうために、自信があるように振る舞わなければならないことは誰しもあります。

私も中国でランドセルを売り始めるときには、周囲から「絶対にうまくいかない」と言われ、私自身も内心では、そう思っていました。実は、ランドセルの前に、日本の伝統工芸品を中国の富裕層に売ろうとして失敗し、社内での私の評価は下がりつつありました。このままでは、社内から失望され、日本本社からの期待に応えられないと焦っていたのです。

そこで、「ここで成果を出さなければ、日本には帰れない。絶対やり遂げる」と、自分を奮い立たせ、できる限り自信があるように振る舞うようにしました。剣道の道場の中国人仲間にランドセルを紹介して、一緒に「どうしたら売れるのか？」というアイデアを考えたりもしました。

臆病な性格は、こういった場面で優位に働きます。

というのも、「できる」と言ってしまった手前、「できなかったじゃないか」と言われるのが心底怖いからです。必死で努力して、そのハードルをクリアしようとするのです。自分の足りない点を自覚し、不安で仕方がないから、努力を重ねるしかありません。

ＥＸＩＬＥのプロデューサーで、株式会社ＬＤＨの会長でもあるＨＩＲＯ氏は、著書『ビビリ』の中でこんなことを書いています。

「僕はえらいビビリだ。たぶんこれは、物心がつくずっと前、母親のお腹の中にいた頃からの、つまり持って生まれた性質だ。ビビリなだけじゃない。心配性で、気にしいで……」

ＨＩＲＯ氏の他にも名だたる経営者の多くが、「自分は臆病者だ」と、講演で話したり、著書に書いたりしていますが、彼らが信頼を勝ち得て、そのポジションにつけた背景には、このような考え方があるのだと思います。

私はいつも自分に自信がなかったので、必死で努力するしかありませんでした。根拠のない自信のなさは、根拠のある努力でしか越えられないのです。

自信と過信は紙一重

ところが、その努力が認められると、私は簡単に舞い上がってしまいます。「お前しかいない」「君にお願いしてやっぱりよかった」と言われると、恥ずかしいほど有頂天になります。自信がついたような気になります。

でも、それはたいてい長く続きません。そのあとに大きな失敗をしたり、先生や親や先輩に「図に乗りすぎている」「天狗になっている」と指摘されたりして、奈落の底に突き落とされるのです。これまでもそんなことが多々ありました。ショック倍増です。

そういうことが何度もあると、自分の調子がいいと感じるときほど、「自分は自分のことを過信し始めているのではないか」と考えて、不安になってきます。

ですから、私は定期的に、自分を客観的に見てくれ、なおかつ厳しいことも言ってくれる先輩や、助言をしてくれるメンターに会い、「自分の行動に失礼がないか？」「客観的に見てどう思うか?」と聞くようにしています。そうやって自分のバランスを取っているのです。

自信は努力と経験に基づいたものですが、過信は妄想から生まれます。自信と過信は紙一重であることだけは、よく覚えておくようにしましょう。

また、モチベーションは景気と一緒で常に同じ状態には保つことができません。上がったり下がったりします。特に臆病な性格だとその上がり下がりが激しいはずです。自分だけではバランスを取りにくいと感じているのならなおさら、信頼できる人に客観的視点を求めることをおすすめします。

04

SNSは調子のいいときだけ
調子が悪いときは自分で断つ

ＳＮＳの活用方法は時代と共にどんどん進化しています。教員時代のことですが、生徒たちが付き合うにあたり、「告白するのも別れを告げるのもＬＩＮＥ」という現状を知り、衝撃を受けたことがあります。

また、研修で出会う20代の若者たちの話を聞いていると、何か調べたいことがあるときは、今いる場所の近くのカフェを探すのなら map アプリ、お洒落なネイルやファッションを探すなら Instagram、電車が遅延しているのなら Twitter、欲しいものがあるのなら Amazon(値段と口コミを見て店頭で買うかネットで買うかを決める）というように、ＳＮＳや個別のアプリを使用し、「Google による検索、いわゆる「ググる」をしないことにさらに衝撃を受けました。

ＳＮＳを利用するのも、究極は「自分の人生を豊かにするため」と私は考えていますが、非常に付き合い方が難しいのも事実です。上手に使いこなすことができれば武器になりますが、間違った方向に使ってしまうと、他人も自分も傷つける凶器となってしまいます。まさに諸刃の剣です。

だからこそＳＮＳの活用方法については、「自分ルール」を決めておくことが大切です。

私の場合は、「自分がうまくいっているときや調子のよいときだけＳＮＳを見る」と決めています。

ＳＮＳをあえて見ないという選択肢

今でこそ全国で講演や研修をさせていただくようになり、大変ありがたい限りなのですが、もちろん、最初からそうだったわけではありません。最初の1年くらいは、「人間は息をして最低限の生活をするだけでもお金はどんどん減っていくもの」と、リアルに実感しました。

保険・年金・税金などは払わなければ督促が来ます。貯金していた銀行の通帳を見ると残額はどんどん目減りし、不安にさいなまれる毎日を過ごしていたのです。臆病者である私がその状態なのですから、どれほどの恐怖の日々だったか……。

そんなときにSNSでつながっている人が、「リア充」であることを嬉しそうにアップしているのを見て、「自分はいったい何をしているのだろう」「俺は、こんなことでいいのだろうか?」と、嫉妬心や自分のやるせなさが交錯し、苦しみでいっぱいになったことを鮮明に覚えています。

そんな状況で、「次の講演依頼が来るまでは、絶対にSNSを見ない」と決めたのです。

まずは1か月、SNS断ちをしました。最初は、アプリを開かないようにしましたが、通知が来るたびに気になるので、アプリそのものを消去しました。

もちろん、臆病者の私なので、個別に連絡をもらうFacebookのMessengerなどはチェックします。でも、とにかく他人がアップしている投稿は絶対に見ないと決めたのです。

そうすると、1日中スマホを触ってはため息をついていた自分が、いつか読もうと積み上げていた本を読むようになり、積極的に剣道の稽古にも参加し、徐々に友人と食事にも行くようになりました。あのときにたくさんの友人にご馳走になったことは一生忘れません。

やがて、気持ちがすっかり変わっている自分に気づきました。

気分が上向き、「もっと勉強しなきゃ」とスイッチが入って、自分なりの学びを重ねるうちに、不思議と少しずつ講演の依頼をいただけるようになったのです。

やらないことを決めると気が楽になる

ＳＮＳ断ちをすると決めてから半年ほど経ったとき、ふと気づきました。自分がうまくいっているとき、心に余裕があるときは、ＳＮＳに他人がどんなことをアップしていても一切気にならないのです。「あいつも頑張っているな」と素直に「いいね」と押している自分がいるから、人の気持ちというのはおもしろいものです。

とはいえ、ＳＮＳに四六時中付き合うのは、疲れるものです。ですので、今も私は長期の休みのときは、基本的にＳＮＳは一切見ないようにしています。

出張のときは、海外であっても、いつでも連絡が取れるよう空港で「ポケットWi-Fi」を借りて、できるだけ早くメールの返信をしたり、電話に出られるようにしていますが、休暇のときはホテルのWi-Fiを使って、レストランや観光地を探したりするときなど、最低限の情報収集だけしかしません。

この「やらないことを決める」というのは、やり始めの一瞬は不安になるのですが、実際やってみると、気持ちがものすごく楽になります。

ネガティブに引っ張られるものや、それをやることで疲れてしまうとわかっているものは自分で断つ。その勇気がときには必要なのです。

05

嫌われていないか心配だから
傲慢にならずに済む

私は、常に他人からどう思われているのか気になっています。「嫌われていないだろうか」「失礼なことをして不快な思いをさせていないだろうか」「信用してもらえているのだろうか」……、そんなことを常にウジウジ考えています。

先にも書いた通り、これは子どものころからの思考の癖で、「直すにも直せない、どうにもならないもの」と、今ではすっかり諦め、自分を受け入れています。そしてこの性格をプラスに捉え、「いつも周囲のことを考えながら、謙虚な気持ちでいられることとは、むしろ長所と言えるのではないか」と、思うようにしています。

受け止め方を変えるリフレーミング

同じようなタイプの人であればわかってもらえると思いますが、私は面と向かって悪いところを指摘されたり、注意されたり、叱られたりすると、どうしていいのかわからなくなり、パニック状態になります。だからこそ、そのような状況にならないよう、目の前のことに対して手を抜くことなくやってきました。「一生懸命に頑張っていて偉いね」などと言われるともちろん嬉しいのですが、正直なところは、手を抜いて失敗して、嫌われたり怒られたりする方が嫌なのです。だから頑張るしかないのです。

とはいえ、先輩の経営者や剣道の先生方に指摘を受けることはあります。その場ではパニック状態になることもありますが、心理学の「リフレーミング」という手法を体得したことで、ずいぶん楽になりました。

リフレーミングとは、ある出来事や物事を、これまでとは違った見方で捉え直し、それらの意味を変化させて気分や感情を変えることです。

例えば、病気になったときにドクターから「この手術は死亡率が10％と言われています」と説明されるのと、「これは生存率が90％の手術です」と説明されるのとでは、同じことを伝えているにもかかわらず、受け止め方は全く違ってきます。例えば、「10人の受験者のうち、５人が合格」という事柄は、「半数しか合格しない」とも考えられますし、「半数も合格する」と考えることもできます。

ですから、誰かに間違いを指摘されたときは、冷静にその内容を客観的に捉える時間を設けて、「なぜ、そのような指摘を受けたのか？」と、自問自答するようにしています。すると、ときには理不尽と感じることもありますが、ほとんどの場合は自分に原因があることに気づきます。その上で、私が期待されているからこそ、あえて厳しいことを言ってくださるのだと考え、「指摘してくださってありがたい」と心から思うようにしているのです。

なかなかそう思えないときでも、感謝することを習慣化していくと、徐々にそういう気持ちに自然となれるようになります。

そして、そんな風に考えようと何年も続けていると、どんなことが起きたとしても「もう二度と同じことで指摘を受けないようにしよう」と前向きに捉えられるようになってきました。〝消極的・否定的な視点〟を、〝積極的・前向きな視点〟へ切り替えることができるようになり、消極的・否定的なことを言われたときのストレスも軽減されるようになったのです。

前向きな気持ちになる言い換えのレッスン

私の研修では次のようなワークをよくします。

自分の短所をワークシートに記入してもらい、となりの受講者にその短所を長所として捉え直してもらうのです。研修で、「自分の長所を書いてください」と言ってもなかなか出てきませんが、短所はたくさん出てくるものです。このワークでは、短所を書けば書くほど、それが長所になるのです。自分に自信がない人ほど、びっしりとたくさん書くことができます。

例えば、「嫌われていないだろうかと常に疑心暗鬼」ということをリフレーミングすると、「相手の気持ちや立場に立って発言し行動できる謙虚さを持っている」となります。また、「根暗で無口だ」ということをリフレーミングすると、「自分の心の世界を大切にしていて、穏やかに他人の話を聞くことができる」となります。こんな風に考えると、自分の短所が、何物にも代えがたい長所になっていることに気づきませんか？

●いい加減　→おおらか
●うるさい　→明るい・活発な
●カッとしやすい→情熱的な
●口下手　→朴訥《ぼくとつ》
●しつこい　→粘り強い
●消極的　→控えめ
●だまされやすい→純粋
●八方美人　→人づきあいがうまい
●人に合わせる　→協調性がある
●人をうらやむ　→理想がある
●無理をしている→期待に応えようとしている

いくらでも言い換えることができますよね。

短所はすぐ答えられても、長所については答えられない人が多いものです。世の中に短所がない人はいません。逆に、長所がない人もいません。長所は無限に伸ばすことができますが、短所はなくすことができません。だからこそ、リフレーミングの力を生かし、マイナスなことをプラスに捉えられるようになることが、とても大切なことだと思うのです。

06

「嫌だ」と言えないから不満は書き出して水で流す

気を使いすぎてストレスをため込んでしまい、ときにそれが爆発して取り返しのつかないことを言ってしまったことがある——。

他人に嫌われるのが死ぬほど嫌なくせに、爆発すると制御がきかない。そんなあなた、私と一緒です。

とはいえ、私も随分と修羅場を乗り越えてきたおかげで、そんな自分の制御法を習得してきました。その中のひとつで、とっても簡単で即効性のある手法をご紹介しましょう。

「不満を文字にして書き出す」という方法です。

実はこれ、心理学的にも有効な方法であると言われています。

ネガティブな気持ちを書いて水で流す

嫌なことがあったら、それをトイレットペーパーに書き出して、トイレに流してしまうのです。実際に行わずイメージするだけでも効果的と言われていますが、私は実際にやっています。トイレットペーパーにどれだけどんなことを書こうが、だれも咎めません。思う存分に書きます。

「どうして私ばっかり」「こんなはずじゃない」「なぜ評価されない」「ムカつく」「給料が安い」「残業ばっかり」……、書いて書いて書きまくって、トイレに勢いよく流すと実にすっきりします。心の中にあるモヤモヤがなくなり、視界がパーッと開けてくる感覚があります。不満も一緒に見事に流れていきます。文字にすることで自分の心理状態と冷静に向き合い、分析することができます。

まさに、メンタル（心の）トレーニングです。

メンタルトレーニングと言うと、一流のスポーツ選手だけのものだと思っている方もいらっしゃるかもしれませんが、決してそんなことはありません。私たちは、「楽しい」「嬉しい」「ワクワク」「悲しい」「つらい」「しんどい」など、さまざまな感情と共に生活をしています。

ビジネスや人間関係をうまくいかせるためには、自分と周囲の感情をコントロールしていくことが不可欠です。できる限り、前向きなプラスの感情を持って仕事や生活を送るに越したことはありません。どんな人でもメンタルトレーニングを学び、感情をマネジメントできるようになるといいと、私は思っています。

文字にするとマイナス感情の理由がわかる

さて、話を戻しますが、文字にして自分の感情を「見える化」すると、その感情を構成する要素が分解できるというメリットがあります。分解することで、「何が嫌なのか？」「何がストレスなのか？」が、明確にわかるようになるのです。

例えば、「仕事が楽しくない」と感じた場合を考えてみます。「それはなぜか？」と深堀りしていくと、「上司とソリが合わない」「業務が自分に向いていない」「仕事に見合った給料がもらえていない」「残業が多い」など、さまざまなことが出てくるでしょう。

そうしたら次に、「上司とソリが合わない」という点を掘り下げていきます。「命令口調」「自分に甘くて他人に厳しい」「時間にいつもルーズ」「やり方が自分と違っているストレスを感じる」「理不尽」「言っていることとやっていることが違う」「すぐ考えを変える」「上にはヘコヘコしているくせに下には偉そう」などが挙がってきたとしますよね。もし、「命令口調」が自分の一番のストレスになっていると気づいたら、「直接話す機会を減らして、メールやＬＩＮＥでやり取りをしてみよう」という案が浮かんできたりします。「時間にいつもルーズで嫌だ」と思うなら、あえてその上司にだけ、それを見越して予定を設定する方法も取れるかもしれません。「やり方が自分と違っていてストレスを感じる」なら、その理由をどんどん探っていけばよいのです。

「嫌だ」と「不満」は自分を知るチャンス

相手のどんな点が気にさわるのかを徹底して考え、それを文字にひとつひとつ書き出していきます。そうやって細分化していくと、解決策の糸口が見つかることが多々あります。

この作業をするときに、「こんなことを改めて書くなんて、自分は小さい人間だな」などと思う必要は全くありません。喉に魚の骨が刺さったり、歯にものが挟まったり、靴の中に小さな石が入っていると、不快に感じますよね。たとえどんなに「些細なこと」であっても、自分の気分や考え方に影響を及ぼすことは、数多くあるのです。だからこそ、些細なことでも書き出してみることが大事なのです。

人間は、何かを発信（＝アウトプット）することを、心地よいと感じる本質を持っています。嫌な気持ちを文字に書き出すことは、すっきりと気持ちを整理することにも直結します。そして、何が「不満」を引き起こしているのか、それをひとつひとつ点検していくうちに、最初に感じた「不満」のサイズは間違いなく小さくなっているはずです。

こんな作業が普段からできるようになれば、「嫌だ」と「不満」は、今まで以上に自分を知る貴重なきっかけとなり、これから出くわす「課題」への武器へと変わっていくはずです。

私がランドセルメーカーに転職をしたときに、創業者である伯父と一緒に仕事をしました。伯父は私を厳しく育ててくれようとしていたのですが、当時の私にはそれが全くわからず反発ばかりしていました。家に帰るとその不満をトイレットペーパーに書いて流していました。

今なら伯父の言ってくれたことが、自分のためであり、本当に必要なことだとよくわかります。時が経ち、自分の未熟さに恥じ入るばかりですが、先日伯父と飲む機会があり、「お前は本当に生意気だったけど、少しだけわかってきたな」と言ってもらいました。今は、厳しく育ててもらったことに感謝の気持ちしかありません。

「嫌だ」と「不満」は自分が成長するチャンスと前向きに捉えましょう。少しでも不満や嫌だと感じることがあるのなら、今すぐにでもトイレットペーパーに書き出して、思いっきり水に流してみてください。

第2章

心配性な自分を活かす

心配性な性格だからこそ先を予測して仕事をするそれがやがて武器になる

繰り返しますが、私は心配性です。いや、心配性というよりは、「失敗恐怖症」という方が正しいかもしれません。ですから、仕事の準備はいつも念入りにします。

例えば、イベントの幹事を任されたとします。「自分がどのタイミングで、どの場所で、何をすべきか？」と、詳細なタイムスケジュールを立て、事前に何度も自分でシミュレーションしないことには落ち着きません。「何とかなるだろう、では失敗する」というのは、子ども時代からの経験で自分が一番よく知っています。

「何とかなるだろう」は失敗の元

私の例でいうと、小学6年生のとき、全校児童に向けて手洗いうがいを促す放送に保健委員長として出演することがありました。「何とかなるだろう」と思い、何も準備をしないまま出演したのですが、「え～」「あ～」を連発し、結局何を言いたいのかわからなくなってしまい、保健室の先生に注意されてしまったのです。先生や周囲に期待されて委員長になったはずなのに、まさか先生に注意されてしまうとは……。叱られた恐怖、みんなの期待を裏切った恥ずかしさ、そして「何とかなるだろう」と過信していた自分に腹が立ち、何とも言えない気持ちになったことを今でも鮮明に覚えています。

それ以来、人前で話したり、司会をしたり、剣道の試合の事務局をしたり、イベントの幹事をしたりするときには、台本を準備し、タイムスケジュールを立て、入念にイメージトレーニングをすることを心がけるようになりました。私にとって「何とかなるだろう」は、今でも失敗の元なのです。

タイムスケジュールを立てるときには、まずは大きなところからイメージするのがポイントです。全体の時間をまず把握します。そこから、エクセルを使って、スタートから終わりまでの流れを書き込み、数分刻みで人の配置や自分がその流れの中ですべきことなどを記していきます。

「〇〇さんにお茶を出すタイミング」「△△さんにスタート開始1時間後に声をかけ、そのときに話す内容の確認」など、事細かに記載します。

とにかく心配性なので、不測の事態が起きたときにどうするかも別紙でリスト化します。この別紙のリストがいっぱいになるまで、頭の中でとにかく何度も繰り返しシミュレーションしておくことが、自分にとっての安心につながるのです。

経営者クラスになると、出張の行程や飛行機のチケット手配などは秘書に任せるかと思いますが、私には一生それができそうにありません。というのも、他人任せでは、シミュレーションがしにくいからです。他人に作ってもらった行程に沿ってシミュレーションができたとしても、修正がしにくい上に、修正してもらうにしても、それをお願いすること自体が煩わしく感じてしまうのです。

少々面倒だとしても自分でした方がよっぽど気が楽です。「万が一、チケットの発注ミスをしたとしても自分で自分をフォローすればいい」という方が私には合っているのです。もちろん、チケットの手配などがスマホでき、あとからの変更も簡単という時代だからでもありますが……。

自分でスケジュールを組み、予定通りにすっと行動できたときは、なんとも嬉しい気持ちになります。我ながら、実に面倒な性格ですね。

心配だから、あらゆる事態をイメージしておく

新人社員研修をしていると、私と同じタイプの方が増えているような気がしています。

「上司から想定外のことを言われると、固まって動けなくなる」

こんな話をよく聞きますが、「それに対してどうしたらいいか？」と相談をしてくださる方は、真面目で一生懸命な、自分で仕事を抱えてしまうタイプの方が多いように感じます。

「臨機応変に対応しろよ」と言われても、それができるくらいなら苦労しません。ましてや、そんな心の声を上司に言えるわけもありません。日々悶々とし、次第に会社に行きたくなくなってくる……。

私には、その気持ちがよくわかります。特に中小企業だと朝令暮改は日常茶飯事。

社長のひと言でコロコロ変わることにどうしても慣れず、会社をやめてしまうというケースも多々あります。

なので、そういう方には、「仕方ない」でも「慣れろ」でもなく、想定されるあらゆるケースを普段からイメージすることを習慣づけるようお伝えしています。「こうなったら、こうしよう」をいつも考えておくのです。そうすると、自分がイメージしていないことが起きたり、言われたりしても、固まることはなくなります。用意しておいたたくさんの思考回路から引っ張り出して、それを使えばよいのです。

実はこういった作業はすべて、早め早めに準備をしておかなければできません。結果として、多くのパターンをシミュレーションすることになりますが、この作業そのものが、いつしかあなた自身の武器に変わっていくのです。というのも、シミュレーションしてそれを使いこなしていくうちに、さまざまなシーンに対応できるようになるからです。

これを「人生の戦略」と言い直してもよいかもしれません。

戦略を立てるためには、知らない世界のことを調べる必要があり、ときにはその道の専門家に話を聞いて補う必要もあるでしょう。心配性だから、いや、否定されるのが怖いから、常に先を予測して仕事ができるようになるわけです。

私には、仕事や人生のことで相談をする「メンター」がいます。悩んだときや何か新しいことをするときには時間を作っていただき、話を聞いてもらっています。

自分よりも多くの経験を積んでいる人から客観的な意見を聞くことで、「これでいいんだ」とか「改善が必要だな」と感じ、自信を持って前に進むことができるようになるのです。

「浅い」「甘い」「目線が合っていない」と言われると毎回凹みますが、この人を納得させられれば、さらに成長できると信じて、諦めずに食らいついていくことで、取り返しのつかない大失敗を回避できているような気もします。

そうはいっても、どうしたって想定外のことは起こります。でも、失敗を重ねながらでも、より多くのシミュレーションをし、それを使いこなしていくうちに、「心配性であることが、いつしか自分自身の大きな財産、いや武器に変わっていく」と、私は信じています。

07

お客様にすぐ返事をすると「仕事が速い」と評判になる

「すぐ返事をする」と「お礼の連絡は早めに」は、ビジネスパーソンの基本です。

「お礼の連絡」というと、民間企業に転職したてのころ、恥ずかしい経験があります。年上の取引先の役員の方と会食を共にし、翌朝にお礼のメールをしようと考えていたところ、急遽会議が入ってしまいました。会議が終わり、メールチェックをするとその役員の方から先にお礼のメールが入っていたのです。そのとき、その方の細やかな気遣いの数々を思い出すと同時に、「礼儀のなっていない若造だな」と思われたと感じ、身のすくむ思いをしました。

それ以来、お礼はその日のうち、遅くとも翌日の朝9時半までには自分からするというマイルールを設けています。

スピードは相手の信頼につながる

なぜこんな話をしたのかと言うと、スピーディなお礼がなかなかできていない人が多いからです。この時代、スピード感は「信頼」につながると私は考えています。心配性を武器にして、スピーディに対応できるビジネスパーソンになるための私の習慣を、ここではお伝えしましょう。

まず、メールチェックについて。メールの即レスポンスは好印象につながりますが、とはいえ、常にパソコンの前にいるわけにもいきませんし、片時もスマホを手離さないようにしていては、あらゆる面で作業効率が悪くなります。なので、私はメールチェックするタイミングをあらかじめ決めています。

特に毎日の仕事が同じサイクルで回る事務系のお仕事の場合は、「何時にチェックする」と明確に習慣化してしまうのがおすすめです。

私の場合、以前は朝起きて家を出るまでの時間帯に1回、ランチタイムに1回、そして夕方と夜に1回ずつの計4回が基本でした。ところが、研修や移動などでタイムスケジュールが日々変わるので、このスタイルは変更し、今では移動時間をメールチェックの時間と決めています。何事も「決めてしまう」と安心感があり、イライラしなくて済むようになります。

お客様案件を最優先にして信頼を勝ち取る

大事なのは、優先順位。仕事の依頼先・期限・重要度・作業ボリュームなどを考慮して、優先順位を明確化することが大切です。私のタイムマネジメント研修では、優先順位の付け方として、この先１週間のやるべき仕事をひとつずつ付箋に書き出してもらい、最初に取り組むべきものから順に並べるというワークをしています。頭の中の交通整理をすることが目的です。

そして、とにもかくにもお客様（カスタマー）案件を最優先にします。返信が遅いと、相手はメールが届いたかどうかもわからず気を揉んでいるかもしれません。移動中に送る「メールを拝受しました。じっくり拝読して後ほどご連絡します」のたった１本のメールが相手の信頼を勝ち得るのです。「スピード感のある人」と印象付けることが大切です。

私の肌感覚ですが、すぐに返信をしてくれるビジネスパーソンはごく一部です。契約前のやりとりでも、返信が早いと「この人はレスポンスが早いからスムーズに仕事を進められそう」と感じますし、返信が遅いと「この人はレスポンスが遅そうだから、苦労することがありそう」と感じてしまうものです。

相手から「あのメール、届いていますか？」「読んでいただけましたでしょうか？」と連絡が来ると、「嫌われたかな？」「信用を失ったかな？」と、私は途端に落ち着かなくなってしまいます。それを絶対に避けるように努力してきたことが、おそらく今の年間130本以上の講演依頼につながっていると自分では分析しています。

例えば、「見積もりをお願いします」と依頼があったら、「自分が一番に出す」というつもりでいつも対応してきました。相見積もりの世界では、価格だけでなくスピードも重要です。すぐに対応できないときでも、「今晩中、もしくは朝一番にお出しします」とお返事することが大事です。球を投げるとすぐ返ってくる――。これは間違いなく武器になります。

返事の仕方の工夫で印象はさらに変わる

移動時間にメールチェックをするわけですから、スマホにあらゆる機能を詰め込んでおくことも欠かせません。できるだけ早く返信できるように、仕事用のメールを確認するGmail、Facebook のMessenger、Chatwork、データを引き出せるEvernoteやDropbox、データの編集ができるようにGoogleドキュメント、Googleスプレッドシート、そして名刺管理アプリなどはスマホに入れておき、いつでも使えるようにしておきます。「今、手元に書類がないので……」というのは、できれば避けたいからです。機会ロスにつながります。

もちろん業種によっては、会社に戻らないとパソコンを使えない方もいることでしょう。

そういう場合に「メールしたのですがご覧になりましたか？」と電話連絡を受けたとしても、「申し訳ありません。まだ見ていません」だけでなく、「申し訳ありません。

まだ見ていないのですが、17時までには確認して返信します」と伝えるだけで、心証は大きく変わります。

「できるものはすぐやる」→「喜ばれる」→「〝仕事が速い〟という評価につながる」という好循環は、自分の心がけ次第でもあるのです。

あえて電話や足を使ってみるのも効果的

メールの時代だからこそ、あえて電話や足を使ってみるのも手です。「お礼のメールはお別れしたあと、すぐに送る」と、心がけている方もいるかもしれません。私も移動時間にするようにしています。ただ、相手によっては、翌朝に短い電話を1本入れるのが効果的なこともあります。その方がまっすぐ気持ちが伝わるからです。「わざわざ電話をくれた」というのは、テキストでやり取りをするのが当たり前の今の時代だからこそ特別感があるのです。

また、メールを作成する際の「この文章で本当にいいだろうか?」と思い悩む時間を節約できるのもメリット。さらに、「返事を書かなきゃ」という相手の気持ちの負担を減らすこともできます。とはいえ、こんな風に電話ができるようになったのは、私も30代になってからなのですが……。

何か書類を送らなければならないときも、近距離の人であれば、なるべく持参するよう心がけています。足を使って〝届ける〟と、相手の顔も見られます。顔を見て話すと、メールでは広がらない話もすることができ、より関係が深まって、結果として仕事がスムーズに進むことがよくあります。

先日も「あるクライアントさんが骨折した」という情報を得たので、お見舞いを持って会いに行きました。純粋に心配だったからなのですが、やはり誰でもサプライズは嬉しいもののようで、「心配だから顔を見に来ました」と伺うと、先方はとても喜んでくださいました。

「期待をよい意味で裏切る」というのも、相手といい関係を構築して仕事をするための秘訣なのです。

08

近くに頼りになる人がいると パフォーマンスはアップする

仕事の悩みの４割が人間関係と言われています。

あなたには困ったときに助けてくれる人が職場にいるでしょうか？　心配性のあなたには、まず一番年齢の近い先輩と仲よくなることをおすすめします。職場に、お兄ちゃんやお姉ちゃんのような存在がいるだけで、気持ちがすごく楽になるものです。仕事の悩みやプライベートなことまで話せる人がいると、「会社に行くのが嫌」ということもなくなるはずです。

とはいっても、「どうやって仲よくなればよいのかわからない」という声はよく聞きます。「先輩に頼るのは何だか気まずい」「こんなこともできないのかと思われるのが怖い」「失敗したときに叱られるのが怖い」など、その理由はさまざまですが、自ら貝を閉じて悩んでいる人が多いのが現実です。

その気持ちはよくわかるのですが、〝実にもったいないこと〟とも思います。

コミュニケーション能力の低い上司もいる

私は、プライドが高いくせに臆病な人間です。白状すると、高校や大学の先輩にわからないことを聞くとき、「そんなことも知らないのか」とか「馬鹿だな」と言われたりすることや、難癖をつけられて怒られたりするのがとても怖かったです。

でも、アルバイトなどで社会に出るようになると、最初は経験がないので、先輩には何度も教えを乞う必要があり、ごまかすことができなくなります。私は、「申し訳ありませんが」という枕詞をつけることと、メモを取りながら教えを乞うということを実践して克服しました。

自分が上司になったときのことを想像してみるとわかりますが、部下が自分を頼りにしてくれないというのは結構寂しいもの。逆に頼りにされ、いろいろと相談してくれると、嬉しく感じるはずです。

また、「部下の指導は先輩がしてくれるもの」「先輩からコミュニケーションを図ってくれるもの」という考えも捨てましょう。私は研修で、そうみなさんにお伝えしています。というのも、先輩たちをよく観察してみるとわかります。コミュニケーション能力の低い上司もいっぱいいるからです。だから、「上司に期待をしないで、自分から声をかけちゃいましょう」と発破をかけます。

とはいえ、臆病な人は先輩に声をかけるのもドキドキしますよね。ですから、難しくないことからトライしてみましょう。


「休みの日は何をされているんですか？」

「部活は何をされていたんですか？」

「お子さんはいくつですか？」

「オススメのラーメン屋を教えてください」

「お酒は何が好きですか？」

このように、他愛のないことでＯＫです。ポイントは、相手と自分との共通点を見つけること。案外、隣にいる先輩の家族関係や趣味は、知らなかったりするものです。

そういえば、部課長職を対象にした研修で、部下の名前をフルネームで書けない人が案外多いことに驚かされたことがありました。同様に、部下も上司の名前をフルネームで書けないどころか、出身校や出身地も知らない人が多くて驚きます。

ちょっとしたきっかけで関係は改善する

ある社長（男性）が、「報連相がない」「言うことを聞かずに困っている」と、女性部下との関係について相談に来られたことがありました。

「社長は、その部下に対して臆病になっています。その方は社長からのアクションを待っています。まず、その方に興味を持って、自分からどんどん話しかけてみてください」

私はそうアドバイスをしました。

1か月後、その社長は「効果てきめんだったよ。とにかくつまらないことでもいいからって、どんどん話しかけてみたら、関係が変わってきたんだ。彼女は元々能力が高いからスムーズに仕事が進むようになったよ」と、笑顔でおっしゃっていました。

このように意識をちょっと変えるだけで、関係が劇的に変化することはよくあります。

まずは、自分から声をかけてみましょう。誰かれかまわずに声をかける必要はありません。一番近い上司に「先輩」って声をかけてみるのです。ビジネスとプライベートの垣根を越えてどんどん話しかけてみる。「僕もサッカーをやっていたんです」「親父も北海道出身です」「そのラーメン屋、僕も行きました」などの会話が生まれてきたら、きっと関係が変わっているはずです。

職場で何かあったときに「どうしたらいいでしょう?」と頼れる存在がいるだけで、心配性の人の仕事のパフォーマンスはグンとアップします。まずは、一番近い先輩を立てること。そうすることで、すべてがうまくいくようになるはずです。

09

上司のことがわからなければ報連相のやり方もわからない

私の研修で最も人気が高く、リピート率とニーズが高い講座は何だと思われますか？
それは、報連相研修です。なんと年間１０００人以上の方が、私の報連相研修を受けてくださっています。

なぜ、この講座が人気あるのか？　その理由はとってもシンプルです。報連相という名のコミュニケーションができていない職場が多いからです。新卒の方だけでなく、30代の方も多く参加されます。会社から「お前、報連相ができてないから勉強してこい」と言われて、面倒くさそうに座っている方も結構いらっしゃいます。コミュニケーションの柱は、「目配り」「気配り」「心配り」です。相手が「求めていること」「したいこと」「知りたいこと」を先回りして予測し、事前に対応する。「それができていない」と、直接的には伝えづらいからこそ、報連相研修に参加させられているのですが、ご本人は自覚していないというケースもしばしばです。

ネガティブな報告はしにくいけれど……

報連相が職場で重要なのは、なぜでしょうか。上役の立場で考えると、判断が必要な情報、とくにネガティブな情報をできるだけ早く把握しておきたいからです。ところが、部下の立場で考えると「悪いニュースは報告したくない」というのが本音です。私もそうでした。

私は、「日ごろからの人間関係」を構築しておくことで、これを克服しました。自分が部下という立場のときには、「ちょっと細かすぎるかな」というぐらい上司に報連相を心がけることでコミュニケーションを図るようにしていました。そうしていれば、相談する内容も事前に報告していたことが関連していたりするので、「この前、言っていた件ね」となりますし、しっかり関係が構築できていれば、問題を解決するために助太刀してもらえます。

心理面での葛藤が、どうしても「報告」という作業を遅らせてしまいがちなのですが、その結果、ネガティブな事態をさらに大きくしてしまうことが多々あります。普段から職場のコミュニケーションがよくとれていると、「バッド・ニュース・ファースト（Bad News First）」は、当たり前となってきます。

その上で、報連相は上司のためではなく、「お客様と自分のため」と、強く頭に叩き込みましょう。インターネットや携帯電話の普及で、お客様は、よりスピーディで、より正確な情報を求めています。しかも、お客様のニーズは多様化しています。「お客様の信用を得るために報連相がある」と考えると、日々の行動や考え方も変わってくるのではないでしょうか。

情報は、素早く正確に「報告」「連絡」、そして「相談」することを徹底して心がけましょう。

上司の性格に合った報連相のやり方を探る

報連相を難しく感じるのは、上司にも、さまざまなタイプがいるからです。価値観などによって求めるものが異なります。例えば、順を追って一から十まですべてを把握したい上司もいれば、「ぐだぐだした説明はいいから要点だけを説明してくれ」と言う〝結論ファースト〟の上司もいます。それを見誤るとコミュニケーションがうまくいかなくなります。研修時にも「どこまで報告すべきか、その基準がよくわからない」「上司の求めている報連相のレベルがよくわからない」という質問をよく受けます。

そういったときの対処法を具体的に紹介しましょう。

まず、上司のタイプを見極めます。その際、上司にこう伝えていただくようにしています。

「先日の報連相研修で講師の先生から、どこまで詳細を報告したらよいのか、お互いの基準を把握しておくことが有効だと伺いました。なので、申し訳ないのですが、これから3日間、とにかく自分の行動や業務を詳細に報告します。その上で、それは必要・不要の判断・指示をしていただけないでしょうか」と。

「昨日は○○さん、△△さん、□□さんにお目にかかりました。それぞれ、○○なお話を、△△なお話を、□□なお話をしてきました。今後の課題としましては……」

「これから、ランチを食べてきていいですか？」

「これから、○○部との合同ミーティングに行ってきます」

「合同ミーティングでは△△が議論となりました」

「経費報告書を提出しておきました」

「一服してきてもいいですか？」

「これから、□□会社に○○の件で行ってきます。帰社は○時になります」

「今日は彼女の誕生日なので、定時に帰らせてください」


このように、まずはすべての行動を詳細に報告するのです。一旦このような過程を経た上で、どこまで必要か、どこまで求められているかを互いにすり合わせることで、モノサシ（基準）ができます。細やかに報告すると言っても、それぞれ求める細やかさは異なるものです。

こうやって上司とコミュニケーションを図ることで、上司の求めている報連相のレベルもわかります。上司がどのような報連相を求めているかがわかれば、心配性のあなたは安心して報連相ができるようになるというわけです。

コミュニケーションがとれるようになると、お互いの性格やライフスタイルまでわかってきます。「どのように対応すると相手が気持ちよくなるのか？」を考える時間は、本来とても大切なのですが、なかなか職場では取れないのが現実でしょう。ですから、私（北）のせいにしていただいても構いませんので、無理やりにでもやってみてください。

前述しましたが、報連相は社内だけのことではありません。お客様においても、相手をよく観察した上で報連相することが重要です。どのようにしたら相手の気分がよくなるのか。それを考えて、相手に合わせたコミュニケーションができてこそ、信頼を勝ち得ることができるのです。

10

人に会うときの魔法の言葉は「お話を伺わせてください」

臆病で小心者だけど、上昇志向はある。やってみたいことがある。学びたいこともたくさんある。目標がある。夢がある。

そんなあなたに、魔法の言葉をお伝えしましょう。

それは、憧れの人に向けて使う言葉、「お話を伺わせてください」です。

インターネットを使えば、何でも調べられる時代だからこそ、その道のスペシャリストに直に話を伺えることほど貴重なものはありません。「あの人と一度話してみたい」「あの人と個人的にもっと話してみたい」と思ったら、この言葉を携えて、ぜひ挑戦してみてください。

熱意は必ず相手に伝わる

私は今現在も、この言葉を「ここぞ！」というときに使っています。中でも、中国でランドセルビジネスを自力で展開しなくてはならなかったときに、この言葉がまさに武器になって一気に販路を広げたという経験があります。

当時、中国で人気のアニメと言えば、『ちびまる子ちゃん』『名探偵コナン』『ドラえもん』でした。このうちのどれかを、ランドセル販売のイメージキャラクターとして使えたら、「誰もランドセルのことを知らない中国で、ランドセルが一気に売れるのではないか」と考えました。とはいえ、それを実現するためにはどうすればよいのか、教員出身の私にはわかりません。

まず知り合いのＪＥＴＲＯ（日本貿易振興機構）の方に相談に行きました。もちろん、このときも「ご専門の件で、お話を伺わせていただけませんか？」とアポイントメントを取りました。そして、教えていただいたのが、有名玩具メーカーの元役員で、中国における日本アニメの版権を数多く取り仕切っている上海出身の中国の方でした。

相手は業界の大御所です。しかも、広大な中国で「日本のアニメについてはこの人」と言われる人物ですから相当なやり手のはずです。それに比べると、私はこれからビジネスを切り拓いていく、中小企業の若者にすぎません。臆病な性格のこれまでの私なら、間違いなく怯んでいたでしょう。でも、会社の業績は逼迫し、中国展開の責任者でもある私は、怯むことなど許されない状況だったのです。

気が小さくても、人見知りであっても、どうにかして売らなければならない状況だと人は動けるものです。

1回目はJETROの職員の方と一緒に伺いましたが、なかなか思うように話は進みませんでした。ですが、たかが1回話がうまく進まないぐらいで諦めることはできません。なんとかしてアポをとり、毎回新しいアイデアを携えて訪ねました。

「誰もランドセルのことを知らないこの国で、ランドセルブームを起こしたい。そのためにも、中国の子供たちがみんな知っているアニメのキャラクターの力を借りることが必要です」

何度も何度も伺って、私の熱意を伝えました。

もちろん、心が折れそうになることもありました。「厳しいことを言われたらどうしよう」「対応できないリクエストが来たらどうしよう」、ときには「もうなかったことにしようかな」と、思うことさえありました。しかし、ここで成功しなければ日本には帰れません。「中国に行って何をしてきたんだ？」と周囲から言われる方が怖いと考えて、頑張りました。

訪問すること10回以上。トータルで半年近くかかりましたが、諦めなかったのがよかったのでしょう。『ちびまる子ちゃん』の版権を、ありえない値段で貸していただけることになったのです。今でも、そのときに言われたひと言をよく覚えています。

「よく頑張りました。たくさん売ってくださいね」

正攻法だと弾かれるのがわかるから

『ちびまる子ちゃん』を我が社のランドセルのキャラクターとして使えるようになったら、次は販路です。どうやって広めて、どうやって売っていくか――。何とかして機会を作りたかった私は、ある日、上海の大丸百貨店で唐突な行動に出てみました。

正攻法なら、前もってアポをとって訪問するでしょう。でも、それだと自分の名前を伝えた時点で弾かれてしまうと考えた私は、売り場に行き、その場にいたスタッフさんに唐突に伝えたのです。

「どうしても、バイヤーさんにご相談したいことがあるんです。私は日本のランドセルをこの中国に広めたくて……」と。

すると、そのとき、そこにバイヤーさんが通りかかるという信じられない幸運が起きたのです。思いがけずビル最上階の会議室に通してもらい、交渉の場に立つことができました。結果としては、最終的な条件が合わず、上海の大丸百貨店には置いてもらえなかったのですが、この経験は中国の販路を開拓する上で貴重な体験となりました。

今でもあのときのことを思い出すと冷や汗が出ます。あれは日本ではなく、外国だったからこそできたのかもしれません。でも、あの瞬間がなければ、翌年、ランドセルの売り上げを10倍に伸ばすことなどできたはずもなく、今の自分もなかっただろうと感じています。

勝ちだけでなく負けパターンの蓄積も必要

自信は、このような成功体験の積み重ねでしか宿らないものです。みなさんもぜひ、チャンスを掴んでください。

失敗してもいいのです。どんなこともひとつの経験値。成功の反対は失敗ではなく、チャレンジをしないことです。チャレンジをしてダメだったら、「これをやるとうまくいかない」という糧になります。私は研修でよくこう伝えています。

「自分の考えや行動の〝勝ちパターン〟と〝負けパターン〟を積み重ねましょう」

どんな人にも波があるので、勝ちパターンの蓄積だけでは、うまくいくことはありません。勝ちパターンと負けパターンを同じくらい蓄積したほうが、最終的にはうまくいきます。

私には、同業ですが尊敬する経営者の先輩がいます。その人のすべてを盗みたいと思っていて、必死に嫌われないようにしています。一番大事にしているのは「言われたらすぐやる」ということ。年末にアイデアをいただいて、元旦に企画書を作成し、その日の深夜に提出したこともあります。正直、「うまくいくのかな?」と思うこともありますが、嫌われたくないので絶対にやります。実際、うまくいかなかったものもありますが、すべてが経験となり、自分自身の〝負けパターン〟の蓄積になっています。また、〝負けパターン〟は、研修などでお話しする失敗談としてネタにもなっています。

私の研修を受けてくださった受講生の方で、研修後に連絡をしてくれるのはひと握りです。名刺交換した受講生から「先生のお話をもっと伺いたくなりました。お時間をいただけませんか?」とメールをいただいたりしたら、それは嬉しいものです。私のような性格だと特に喜んでしまいます。というのは、ここまで読んでくださった方なら、よくおわかりでしょう。

私はこのように連絡をくださった方とは、できる限り時間を作ってお目にかかるようにしています。そんな出会いから、個人的な交流が生まれ、定期的に食事に行くようになった方もいます。おそらく私に限らず、誰かから頼りにされて嬉しくない人はいないはずです。それはどれほどの地位があっても同じです。

さまざまな体験を積んだいまだからハッキリと断言できますが、「忙しいのに、空気の読めないやつと思われたらどうしよう？」「自分なんか相手にしてもらえないに違いない？」と思って、躊躇《ちゅうちょ》してしまうのは実にもったいないことです。私の経験上、成功している人ほど、「対応が丁寧で、返信も早く、こういった申し出を無碍《むげ》にしない」という実感があります。仮に相手にされなかったとしても、「ご縁がなかった」と思えばそれでよいでしょう。

この項では、最後にこの言葉をみなさんにお伝えしておきたいと思います。

「無視されてもかすり傷にもならない」

11

クレームに怯えるのではなく少なくするために努力をする

私が世の中で一番怖いのはクレームかもしれません。責められるという行為が本当に、心底、嫌なのです。……と言っていますが、私に限らず、誰にとってもクレームは嫌なことですよね。

世の中には理不尽なことを言う人もたくさんいます。「八つ当たりか？」と思う例も頻発します。なので、クレームをゼロにすることは不可能ですが、極力少なくするためにはどうすればいいかを常に考えておくことが大切です。

クレームがないように接触頻度を増やす

「クレームが来たらどうしよう」と常に考えている私が編み出した、クレームを少なくする一番の方法は、お客さんとの接触頻度を増やすことです。

触れ合うことや話し合う機会が増えれば増えるほど、相手のニーズがわかり、さまざまな場面で相手の役に立つケースが増えるからです。加えて、自分のことを普段から気にかけてくれていると感じる人には、人は攻撃をしたりしません。日ごろから良好な関係を育んでおくことが、まずは大事なのです。

接触頻度を増やす最もよい方法は、もちろん「会いに行く」です。「営業は足で稼ぐもの」とほんの少し前までよく言われたものですが、今やなんでもメールで済ます時代となりました。だからこそ、時代に逆行した行為が、相手には特別なことのように映ります。「書類を郵送ではなく、なるべく持参する」と前にも書きましたが、距離と時間の制約があるため、全員に持参することはできないでしょう。なので、私は電話を多用するようにしています。

私の「ToDoリスト」には、「誰々にいつ連絡する」も入っており、その更新と実践を習慣化しています。例えば、付き合いの度合いによって「週に1回電話をする人」「2週間に1回電話をする人」「LINEを週に1回入れる人」などと分けてリスト化しておくのです。

これは決して、「とりあえず挨拶をしておこう」という意味合いのものではありません。相手の様子が常にわかっていることが、私にとって大きな安心材料となるからです。遠く離れた親に電話をするのと同じ感覚ですね。

たった１度の訪問でも関係が改善する

中国で仕事をしていたころの話です。一緒に仕事をしている部下が頭を抱えてしまうほどリクエストの多い代理店とお仕事をしたことがあります。当時、販売実績が多くない代理店に私が出向くのは繁忙期前の年１回程度でしたが、急遽日本のお菓子を携えて部下と訪問しました。それを先方が非常に喜んでくれたのです。

帰り際、先方には部下からの定例連絡を増やすことを約束し、何かあれば直接私に連絡を入れて欲しいことを伝えました。その後、部下が定期連絡に力を入れてくれたこともあり、販売個数が急激に伸び、部下に対しても強く当たることはなくなったそうです。私への直接連絡も、一度もありませんでした。

電話やメッセージなら移動しながらでも可能ですし、先方の負担も少なくて済みます。気が小さくても、「電話をくれてありがとう」と言われると嬉しくなり、また頑張れるというわけです。ポイントは、ノルマのように自分で追い込んでまではしないということ。これを続けていると、今現在は仕事の関係が切れていたとしても、ふとしたときに思い出してもらえ、新しい仕事につながることもあるかもしれません。

お客様との接触頻度を上げるのが難しいBtoCのビジネスの場合は、クレームがあったら、行為に対してではなく、不快な思いをさせたことに対して「申し訳ない」と謝ることが最優先です。その上で、「お客様が何を求めているか?」「どうして欲しいのか?」を見つけ出すようにしてみてください。

ただ、ときには理不尽なことを言ってくる人がいるのも事実です。私のクライアント企業には、「クレーム対応マニュアル」や「クレーム対応フロー」を作ってもらって、最終的に解決しない場合は、顧問弁護士が対応する流れを作ってもらっています。

12

負のスパイラルに陥るから嫌なことは溜めずに流す

仕事をしている限り、いや、生きている限り、嫌なことはつきものです。理不尽なことも多々あるでしょう。そんなとき、あなたはどうしていますか？

ストレスを抱えすぎて鬱になった経験がある私は、みなさんに声を大にしてお伝えしたいことがあります。

「ストレスに対する自分なりの処方箋を持ちなさい。何らかのアクションを起こさないと、精神的デフレスパイラルになります」と。

「うまくいかないことがある」→「一人で悩み苦しむ」→「寝つきが悪くしんどくなる」→「休みの日も悩んでしまう」→「悩みを抱えたまま出社」→「うまくいかないことがどんどん山積していく」……。こんな流れは、どこかで断ち切らなければいけません。

自分に合ったストレスの処方箋を見つける

私のストレス対処法はサウナです。

２０１９年に大ヒットした原田泰造さん主演のドラマ『サ道』の影響で、「サ活」「サウナで整える」がブームになっていますが、私は20代の教員時代からサウナで整えてきました。

①「7分耐えたら潮目が変わる」と自分に暗示をかけてサウナに入る
②「水風呂に3分耐えたら潮目が変わって、いいことが起きる」と自分に暗示をかけて水風呂に入る
③ちょっと休憩

これを3セット繰り返します。北流の「整え方」です。

汗をかくと実にさっぱりしますし、気持ちも軽くなります。「嫌なことは、溜めずに流す」を、身体を使って実践するのです。

実際、嫌なことがあっても何もしない人が多いように感じます。抱え込んだまま、

うずくまってしまっていては、何も変わりません。嫌なことがあったときほど、いつもとは違うことをしてみるべきです。

ある友人は、嫌なことがあったときは、「絶対に泣ける映画を観る」と言っていました。涙で流すというのもアリでしょう。一人で日帰り温泉に行くのもよし、思い切って遠くに出かけるのもよいでしょう。いろいろ試しながら、自分にあったストレスの処方箋を見つけてください。私の場合、それがサウナというわけです。

日々を楽しくするために趣味を持つ

ストレスへの処方箋だけではなく、「プライベートが充実してこそ、ビジネスで成果を出せる」とも、私は常々感じています。

「〝ワーク・ライフ・バランス〟を、メディアの世界だけの遠い言葉にせず、自分のものとするためにも、趣味を持った方がいいですよ」

研修では、こんな話をよくします。

そうお伝えすると、「趣味なんてどうやって見つけたらいいかわからない」「お金がないから、趣味なんて無理」との声が実に多くてびっくりします。「お金がないから、何もできない」と言っていたら、あっという間に人生は過ぎてしまいます。

では、ここでもうひとつ、北流「趣味の見つけ方」をお伝えしましょう。

①趣味を見つける強化週間を2週間設定する
②友人や先輩からでもいいので「勧められたもの」「誘われたもの」「気になったもの」は、何でもいいから、とにかくやってみる
③やってみた中で、「これはいいかも」と感じたものを、まずは続けてみる（お金が続かないなら、2週間でなくてもよい）

これだけです。先輩に勧められてゴルフをやり始めた人、友人からの勧めでヨガ教室に行ったらハマって今ではインストラクラーを目指している人などが、私の知り合

いにもいます。人は楽しいことがあるからこそ、モチベーションを上げて仕事も頑張れるものです。なぜ、期間を限定するかというと、慣れないことをする自分自身に疲れてしまうからです。「疲れるどころか、楽しくてやめられない」というのなら万々歳。そして、使えるお金も限られているので、短期集中が理想です。

嫌なときの処方箋と、日々を楽しくできる魔法を持っているだけで、結構、人生は怖いものなしです。この両方を持っていなかったために鬱を体験した私だからこそ、そう強く断言できます。

第3章

他人の目が気になる自分を活かす

〝気遣い〟になるのだから他人の目が気になるのは決してマイナスではない

毎日のように、研修を通してさまざまなビジネスパーソンに出会いますが、中には「えっ、それで大丈夫なの？」と感じる人もいます。

例えば、「いつも遅刻をする人」「忘れ物が多い人」「約束を忘れる人」「服装がだらしない人」「持ち物がビックリするほどボロボロな人」……。

経営者やリーダー層からは、部下について、こんな相談をよく受けます。

「○○くんはいいやつなんだけど、△△の悪い癖があってね。それがなかなか直らなくて困っているんだけど、どうすれば直るのかな？　どうアドバイスをすればいいのかな？」などなど。

人は誰しも完璧ではありません。必ず短所があります。何とかして改善したい癖は誰にでもあることでしょう。その癖を完全になくすことはできなくても、程度や頻度を減らす努力は誰にでもできるはずです。

〝自分のための期限〟をメモしておく

さて、ビビリの私ですが、「えっ、それで大丈夫なの？」と思われないように、日々、ビビリ的に細かな努力をしています。

もちろん私も完璧な人間ではなく、約束をすっかり忘れて、サウナに入っていたこともあります。全裸の状態でふいに約束を思い出したときの衝撃。熱いサウナが一瞬で冷凍庫のように感じられたことをよく覚えています。

忘れ物も結構します。ですから、20代のころは小さなノートとペンをスーツの内ポケットに入れ、言われたことはすぐにメモするようにしていました。そうやってミスを回避していたのです。

スマホが世に出てからは、リマインダーアプリを活用し、すべきことや忘れてはならないことをどんどん入力していくようにしました。しかし、確認すべきアプリの存在そのものを忘れてしまうという元も子もない状態になり、当時は習慣化には至りませんでした。

その後、私は再び紙の手帳を愛用するようになりました。試行錯誤の末、アナログでないと頭に入らないと感じたからです。私は、1日のスケジュールが縦になっていて、1週間で見開き2ページのものを愛用していました。加えて、「ToDoリスト」がセットになっているものを活用すると、仕事の効率が一番上がることがわかりました。「やるべきこと」「指示されたこと」「約束したこと」をどんどんリストに書き込み、リストをチェックしながら仕事をこなしていくのです。

何事も期限がギリギリになってから焦ってやるのは嫌なので、実際の期限より2日ないし3日前のところに自分の期限を書くようにしていました。加えてもう一点、絶対に殴り書きをしないと自分で決め、そうやって1年間手帳をキレイに使えたときの達成感は、格別です。

ですが、ペーパーレス化が進む世の中であることと、スマートフォンやタブレットを使って仕事をする場面が多いことから、つい半年ほど前から、スマートフォンとタブレットを活用したスケジュール管理に戻りました。スケジュール管理は「Google カレンダー」、「ToDo リスト」は メモアプリとリマインダーアプリを活用。そのときにも、お客様に向けた期限だけではなく、自分のための期限も入れるようにしています。

自分マネジメントのふたつのポイント

期限について少し余談になりますが、クライアントさんから「いつでもいいよ」と言われると、私はなかなかできないタイプなので、いつも自分から「いえ、いつまでに提出します」と宣言するようにしています。約束した期限よりも早く仕事をすれば、相手は必ず喜んでくれますし、自分で自分をマネジメントしていくことは大切です。

私の「自分マネジメント」にはふたつのポイントがあります。

ひとつ目は、約束や指示をしっかり守るために、「そのための作業時間を確保する」ということ。つまり、「自分とのアポイントもしっかりとる」ということです。多くの受講生を見ていると、人との約束はきちんとスケジュールに入れているのですが、自分とのアポイント、つまり「いつこの作業をするのか？」をスケジューリングしていない人が目に付きます。実は、これがとても大切なポイントなのです。

ふたつ目は、「わかってはいても改善できていない点を自己認識すること」です。その気づきがなければ、具体的な行動に移すことができません。

スイスの哲学者アンリ・フレデリック・アミエルは、こんな格言を残しています。

「心が変われば行動が変わる。行動が変われば習慣が変わる。習慣が変われば人格が変わる。人格が変われば運命が変わる。運命が変われば人生が変わる」

私がこの格言と出会ったのは、ある居酒屋のトイレでした。すっかり酔っ払っていましたが、衝撃を受け、その場でこれが書かれていた張り紙を iPhone で撮影したのです。早速、格言の出典を調べ、スライドにして、研修でも活用しました。「心＝意識」がすべてのスタートだと心に刻み、今も仕事をしています。

“他人の目が気になること”を武器にする

何事も最初から予定通りうまくいくことはありません。「こうなのかな?」とあたりをつけてから実践をしてみる……。少したつと、「これは意味がないな」とか、「もっとこうした方がいいかな」と、アイデアが湧いてきます。自分にとってフィット感のあるやり方を模索しながら試行錯誤し、軌道修正を加えながら前に進むことが大切です。

「いただいたチャンスを必ずものにする」というと聞こえがいいのですが、「嫌われたくない」「評判を落としたくない」「陰口を叩かれたくない」と、他人の目が気になるというのが本音です。それが、私の研修がリピート率90%を超えている源泉だとも思っています。

新型コロナウィルスの影響で私の仕事も激減しました。研修や講演がすべてなくなりましたが、「落ち着いたらまた先生に来てもらうからね」と主催者の方に声をかけてもらうと、元気100倍になります。「期待に応えなければ」を、プレッシャーではなく、励みにすることでより一層頑張ろうという気持ちになっています。

他人の目が気になるあなたは、きっと自分のマネジメントが得意なはずです。ぜひトライしてみてください。「他人の目が気になるから」ということが、「しっかりしよう」と思うモチベーションにつながるのです。もしそれで失敗してしまったとしても、意地や見栄を張らず、弱くてもかっこ悪くてもそれも含めて自分自身であり、経験のひとつとして生きていければ、大成長だと思います。

13

大きな声で挨拶するだけで「現状」は大きく変わっていく

日本には、挨拶と返事がきちんとできれば、仕事ができなくても、好意的に評価される文化があります。「仕事ができなくても」というのは、ちょっと言いすぎかもしれませんが、逆に、いくら仕事ができても、挨拶ができない人の評価は決してよくはないはずです。まさに礼に始まり、礼に終わる国ならではのものと言えるでしょう。

そんな国で仕事をしているわけですから、自分に自信がないのなら、まずは誰に対しても大きな返事をすることを目標としてみてはいかがでしょうか？

加えて、ぜひ掃除を率先してやってみてください。掃除の効用については、多くの経営者が語っていますが、継続することで自分に自信を持つことができます。また、利他の精神で継続することで、他者から自分への評価をも変えていくことができる、と私は確信しています。

「挨拶」は現状を大きく変える

ランドセル事業で中国に出向したときのことです。出勤した初日、社員が誰も挨拶をしてくれなかったことにまず驚きました。かなりショックでした。「歓迎されていないのか？」と思ったのですが、違いました。すぐにわかったのですが、シンプルに文化の違いだったのです。

私が赴任した2013年ごろの中国には、職場に着いたら三々五々持ち場に向かい、特に社員同士が決まった挨拶を交わしたりする習慣がなかったのです。

「職場の基本はやっぱり挨拶。このままでは工場の生産性は伸ばせない」と感じた私が、まず始めたのは挨拶運動でした。毎朝、工場の入口に立って、通勤してくる社員の一人ひとりに「早上好《ザオシャンハオ》（「おはよう」の意）」と、私から挨拶をすることにしました。やがて「你好《ニーハオ》」とか「早上好」と挨拶を返してくれるようになり、半年後には「おはようございます」「こんにちは」と、日本語で挨拶を返してくれ、呼ばれたら「ハイ」と返事をしてくれるようになりました。

加えて、朝礼のたびに、「周囲に礼を尽くすことは、仕事以前の問題である」「挨拶は決して難しいことではなく、誰でも心がけ次第でできる」「挨拶が気持ちよくできる社員のいる会社は、それだけで高評価になる」、そして何より「相手に対する気持ちのよい挨拶は、自分自身を気持ちよくする」と、繰り返し伝え続けました。

そうこうしているうちに、工場内はどんどん明るくなり、活発に意見交換できる雰囲気へと変わりました。さらには、納期遅れもなくなり、不良品率も改善して、生産性まで高まっていったのです。

このように「挨拶」は、「現状」を変える大きなパワーを持っているのです。

日本でも始めた「一人挨拶運動」

3年後、日本に帰ってきて、今度はまた違った意味で驚くことになります。私は都内のマンションに住んでいるのですが、エレベーターで誰かと一緒になっても、「おはようございます」「こんにちは」と挨拶をしない人が多いことに気がつきました。これはショックでした。

中国人スタッフに「日本は礼に始まり、礼に終わる国である」と散々伝えてきたのに、です。

そこで、マンションでも「一人挨拶運動」を始めてみました。エレベーターで一緒になった人には、私から「おはようございます」「失礼します」と挨拶をするようにしたのです。もちろん、挨拶しても挨拶を返さない人もいます。それに私はビビリなので、嫌われたり、「うざい」と思われたりするのがとにかく嫌で、自分からそれ以上話しかけるようなことはありません。それでも、双方黙ったまま、相手を無視してエレベーターに乗っているよりはずっといいと思っています。

挨拶が、仕事の〝第1歩〟を変える

ビビリの私が、挨拶だけは自信を持ってできるのには理由があります。幼稚園のころから母に「とにかく、どんなときも、大きな声で挨拶と返事だけはしなさい」と徹底して言われ続けてきたからです。さらに、ずっと続けている剣道の諸先生方の教えのおかげでもあります。

大きな声で、相手の顔を見て挨拶することが習慣になっていると、自然と姿勢がよくなっていきます。背中を丸めたままでは、気持ちのいい挨拶はできないものです。多くの方から「先生は、姿勢がよいですね」と声をかけていただくのですが、それは母のおかげです。

自信を持って挨拶をしてきたことで、得をしたことが私にはたくさんあります。今の研修の仕事も、挨拶が運んできてくれた面が多々あるでしょう。「あの人は礼儀正しい人」と思っていただけるだけで、仕事の始まりの第1歩は確実に違ってきますし、継続したオファーにもつながっていきます。

断言します。挨拶をする方が絶対によく評価されます。だからこそ、ビビリの私には、「挨拶をしない」ということができません。どんなに疲れていても、家を1歩出たら、「背筋を伸ばして、挨拶をする」を心がけています。

14

否定されたくないから相手の意見を一旦受け入れる

「あいつら、バカだから」

「あいつらの意見を聞いても、仕方がない」

そんな風に部下のことを言う上司が、あなたの周りにも結構いませんか？

そんな上司の下で働いていたら、本当に毎日がつらいですよね。モチベーションもどんどん下がってしまいます。実際、中小企業の経営者、主任・部長クラスの方を対象とした研修やコンサルティングをしていると、よく耳にする会話です。

新人や入社2・3年目の方を対象とした研修のときには、こんなぼやきがよく聞こえてきます。

「上司は意見を求めてくるくせに、いざ自分の意見を言うとろくに最後まで聞きもしないで否定し、挙句の果てには持論を展開して、いったい、どうしたらいいのかわからない」

双方にそれなりの言い分があることでしょう。

私も実際、中国で部下をたくさん束ねていたときは、部下が出してきた意見の甘さにイライラして感情的になって叱ったこともあります。あとで反省しても、まさに「あとのまつり」。否定されるのが怖いくせに、相手を頭ごなしに否定してしまった結果、総スカンをくらって大きく落ち込み、挽回するのに大変な努力を要しました。

相手の意見を一旦受け入れてみる

「自分が意図していなかった意見」というだけで、徹底して批判する上司はどんな組織にも必ずいます。

「じゃあ、意見なんか聞かないでよ」というあなたの声が聞こえてきそうです。

さて、そんなリーダーの下で働くビビリの私たちはどうしたらよいのでしょうか。

「まずは、僕の意見を聞いてください」と、強く上司に言えたらいいのですが、それができたら苦労しません。

そんなときに使える〝否定されない&否定しない魔法のコミュニケーション術〟があります。

まず、上司から、もしくはお客様から「○○の現状についてどう思う？」と尋ねられたら、「そうですね」「いいですね」「ありがとうございます」と、とにかく一旦受け入れるのです。間髪入れずに「いや、僕はこう思います」「いや、私はそういう考えではなく」と、否定してはいけません。

一旦受け入れた上で、「ちょっと、この点が気になったのですが……」と、自分の考えを述べるのです。それなら、相手はたとえ自分とは反対の意見だったとしても、また予定外の言葉が返ってきたとしても、嫌な気はしないものです。

「ありがとうございます。僕は○○のように感じたのですが、それはいかがでしょうか？」

こんな風に返せば、上司も続けて話を聞きたくなるのではないでしょうか？

もしその上でさらに否定された場合や、これ以上会話を続けたくないと感じたときは、「ありがとうございます。貴重なご意見、参考にさせていただきます」などと言って、やんわりと逃げるのも手です。

否定されたくなければ、まずは否定されていると相手が感じないコミュニケーションを心がけることが大切です。人間には、周囲から評価を受けたいという性質があります。無意識のうちに、自慢話をしたり、仮説を断定してしまったり、上から目線（評論家目線）にならないように、細心の注意を払ってください。

リフレーミングすれば否定も感謝になる

万が一、自分の意見が否定されてしまったときは、第2章でお伝えしたリフレーミングを駆使して、前向きに捉えるようにするのも手です。

「部長はああ言っているけど、自分への期待があるからだな」

「主任はああ言っているけど、課長から厳しく言われたんだろうな。一緒だな」

こんな感じです。

私は経営者となった今でも、経営者の先輩や剣道の先生からお叱りを受けることがあります。理不尽だと感じることもありますが、「私のことを気にしてくれているのだな」「私を伸ばそうとしてくれているのだな」と捉えると、言われているときは苦しいですが、少し時間が経つと感謝の気持ちだけが残ります。

嫌なときでも返事だけは欠かさない

先ほど「逃げるのも手」とお伝えしましたが、世の中にはどう考えても変な人がいます。わかり合えない人がいます。ですから、「これはあまりにもしんどいな」「この人には、どうしても言い返しづらいな」「自分の意見を言っても無駄だな」と感じるときは、聞き流しても、逃げてもかまいません。すべてを真正面から受けているとストレスがたまり、いずれ大爆発するか、もしくは壊れてしまいます。

「あまりにも矛盾している上司の話はある程度は聞き流していい」と考えれば、少しは気が楽になりますよね。

ただ、内心では嫌だと思ったとしても、無視をしたり、呼ばれても返事をしなかったりするのは絶対にＮＧです。それではあなたの評価は下がるばかり。何もいいことはありません。まずは、「はい」と必ず相手の顔を見て返事をしましょう。これは社会人として最低限のルールです。忘れないようにしてください。

部下のアイデアはまず褒める

読者の中にはリーダー層の方もいらっしゃるかと思います。そんな方のために、部下の意見をうまく吸い上げて、よりよいコミュニケーションを築く方法をお伝えしましょう。

部下がアイデアを出してきたら、「よく考えてきたな」「ありがとう」と、まずは伝えることです。たとえ、アイデアがイマイチでも、アイデアを考えて提案をしてきた前向きな姿勢を認めることを忘れないようにしてください。

認めてもらうと、相手は気持ちよく、謙虚な気持ちになれるので、いいディスカッションになるはずです。その様子を受け、一歩引いてから、冷静に改善策を提案できるようになるかもしれません。

批判するのは簡単ですが、実際にはどう改善してどう行動に移すかを具体的に伝えることが大切なのです。

このことを、リーダー層の研修でも実践していただくようにお伝えし、数か月後の再研修でお話を伺うと、「部下にではなく、自分自身に対して気持ちの余裕ができた」とおっしゃる方が実に多いのです。

そして、「あの人、変わった。話を聞いてくれるようになった」という部下からの声は、職場における大変革の確実な第1歩になっているはずです。

15

会社の悪口を言うことに時間とエネルギーを注がない

「うちの会社、バカなんですよ」
「うちの商品じゃ、売れませんよ」
「うちの上司、無能ですから」
「うち、ブラックだから」

これらは、20代のまだ役職にない若い人たちが、上司がいない研修時に、同世代でよく話している会話の一部です。私は、彼らがそんな話を始めると、しばらくニコニコしながら聞いています。話は「そうそう、うちもだよ」などと、盛り上がるのですが、不思議なほど誰もいい顔をしていません。私は、そんな様子を見て、みんなが「吐き出したかな」というころにこう聞きます。

「会社の悪口を言ってもいいけど、それで、すっきりした？」

すると、必ず「全然しない」という答えが返ってきます。ブツブツ言っている本人も、実はそれに気づいているのです。

周囲を気持ちよくさせるためにできること

「悪口を言うことに時間とエネルギーを注ぐより、見つめるものを変えてみよう」

私は、いつもこう伝えています。

私自身も常にそれを実践しているわけですが、その原点をたどってみると、「自分が悪口を言われるのが嫌だから」というところにやっぱり行き着きます。

会社という組織の中で悪口を言われないようにするために一番簡単な方法は、誰よりも仕事をすることです。正しく結果を出していけばいいのです。ものすごくシンプルです。

仕事でもプライベートでも、「あれだけやっているのなら、仕方ないか」と思わせるようにすればいいのです。

もちろん、そのための努力はかなり大変ですが、悪口を言われることと比べると、しんどくありません。率先垂範《そっせんすいはん》。とはいえ、営業なら仕事の結果が数字で出ますが、総務や人事などは、評価が数値化できません。仕事ができるかできないかの線引きは、実際問題としては難しいのが現実でしょう。

ならば、「周囲を気持ちよくさせるにはどうすればいいか」と、考えてみてはいかがでしょうか。

私が教員を辞めて民間企業に入ったとき、まず、力仕事、掃除、飲み会の幹事を率先して引き受けるようにしました。

人間には「周囲に認めてもらいたい」という性質が備わっています。当然のことながら、褒められれば嬉しいですし、評価が低ければ悲しかったり、怒りを覚えたり、嫉妬したりします。

上司や会社に対して怒りを覚えるのは、自分が評価されていないと感じているからです。上司や会社を変えるのは難しくても、上司からの評価は変えられるはず。他人を変えるよりも自分を変えた方が早いですし、ずっと楽です。例えば、「あの上司の言っていることは……」と考えるのではなく、「ボーナスの額を上げるにはどうしたらよいか?」と考えてみてください。すると、やるべきことが自ずと見えてくるはずです。

その行動にフィット感があるかどうか?

私は教員時代、誰にも負けないくらい生徒たちのために学校をよりよくする努力をしてきたつもりです。1年間で350日くらい働いていた年もありました。

新しいことを提案すると、他の先生たちから面倒くさがられたり、批判をされたりすることもあります。組織が大きければ新しいことへの挑戦を躊躇するのは当然です。

生徒たちのために全力を尽くそうとすればするほど反発も大きく、「よいことをしようとしているのになぜ批判されるのか?」と、悔しくて仕方がありませんでした。「おまえはブルドーザーとして、批判なんか気にせず、子どもたちのために突き進め」という上司もいれば、またある上司からは「校内の空気を読みながらうまくやれ」と言われて、どう動けばいいのかひどく悩んだ時期もありました。

みんなに批判されずいい顔をしたい——。褒めてもらいたいというビビリの真骨頂です（笑）。いつの間にか、私は上司の顔色を伺いながら仕事をするようになっていたのです。

当時、まだ私は若かったので、自分を繕うこともできず、担任している生徒や保護者から、「先生、元気ないね」と言われる始末。心の状態が周囲にバレバレでした。男子生徒たちからは「先生、俺らはついていくから、おもしろいことどんどんやって」と、保護者からも「先生が頑張ってくれていることはみんなよくわかっているからね。応援団だからね」と励まされ、嬉しさのあまり涙を流したことがありました。「俺ばっかりが、何でこんな目に遭わなければならないんだ」という気持ちでいっぱいになっていた時期だったので、こういった温かい言葉には本当に助けられました。

そして、次第に「私が仕事をしているのは、上司のためじゃない。生徒や保護者のため、そして自分の未来のため」と意識の向きを変えることができるようになったのです。

「周囲を変える前に自分の心の持ちようを変えないとだめだ」と気づくきっかけとなりました。

「学校が悪い」「組織が悪い」「周囲が悪い」と言うのは簡単ですが、自分自身の気持ちや行動を変えた方が物事は早く進みます。また、どこかに違和感のある状態は不自然で、何よりも自分自身にフィット感があるかどうかが大切だということがわかりました。

自分自身が日々充実し、目標に向かって努力している人は、他人のことを考える暇なんてありません。悪口を言っているうちはまだまだ余裕がある証拠なのです。

16

できそうに見えた方が有利 だから「見た目は10割」で

私の営業研修では、「人は見た目が何割か？」という質問を必ず最初に投げかけます。

そうすると、「人は見た目じゃないのでゼロです」という意見や「半分くらいかな？」とか「面食いなので、見た目がよければ何でもいい」など、さまざまな意見が出てきます。

私の答えは、ズバリ「人は見た目が10割」です。

見た目がよいほうが有利

「メラビアンの法則」という言葉を耳にしたことがある人は多いのではないでしょうか。アメリカの心理学者、アルバート・メラビアンが提唱した非言語コミュニケーションの重要性を説く法則で、話の内容などの言語情報が7％、口調や話の速さなどの聴覚情報が38％、見た目などの視覚情報が55％の割合であるということから、言語によらないコミュニケーションが大切であるという考え方です。

ヘラヘラしながら「ピンチなんです」と言っては、信用されるものも信用されません。

人は、髪型、表情、服装（ＴＰＯに即しているか、清潔感があるか、体型に合った服を着ているか）、爪、動作、靴（手入れが行き届いているか）などを、無意識のうちに見て、相手を判断しています。

「パッと見はマメそうに見えなかったけど、ＬＩＮＥの返信などは素早く、マメに対応してくれる」「家庭的な雰囲気はなかったけど、実はとても料理上手」など、見た目と実際のギャップがその人の魅力になることもありますが、ビジネスの世界においては、最初から「仕事ができそうに見えた方が有利」なのは確かです。「仕事ができなさそうに見えて意外と仕事ができた」という場合でも、最初に誤解を受けるのは不利ですし、誤解が解けるまでのタイムロスも生じてしまいます。

否定される不安のない服装を選ぶ

さて、ビビリのあなた。ビビリだからこそ、人から悪く思われる要素を、事前にできる限り取っ払っておくことが大切です。ですから手っ取り早く外見を整えましょう。

見た目がよく清潔感があるというだけで、「仕事ができそう」という印象を与えることができます。まずは、形から。「見た目が10割」のできるビジネスパーソンに大変身してしまいましょう。

さっぱりとした髪型にし、きちんと爪を切り整えます。今、こうした当たり前のことを当たり前にできない、それどころか、そもそもどうすればいいか教えてもらったことのない若者が多いように感じます。さらに、靴や鞄などの持ち物にもこだわり、しっかり手入れをすれば、清潔感は簡単に生まれます。

そして、体型にあったセンスのよい服。……と言われても、難しいですよね。

「先生はスーツやネクタイをどこで買って、どう選んでいるのですか？」という質問をよく受けます。実は私は、その道のプロに服を選んでもらっています。というのも、自分のセンスに全く自信がないからです。

「スーツ・シャツ・ネクタイ・靴をスタイリストさんに選んでもらって、いくつかのパターンを決めて着まわしている」と答えると、必ずと言ってよいほど「そんなお金はない！」と返ってきます。

そうですよね。私も教員時代や会社員時代にはとても無理でした。今は、人前に出てお話をさせていただく仕事をしていますから、服選びも仕事のひとつと捉えています。自分の服装を、あるいは服装で自分自身を否定されるくらいなら、否定される不安のない服を選んで臨んだほうが、仕事のパフォーマンスも上がると考えるようにしています。

では、自分が教員時代や会社員時代だったころと同じような人たちには、どう答えているか。

「僕もサラリーマンのときは同じだった。職場の人でも家族でも友人でもいいから、センスがいいと思う異性に選んでもらうのがいい。その上で、安いものを高く見せられる着こなしを勉強したらいいよ」とアドバイスをしています。すると、男性は、何だか思案顔になります。

そんなときは、研修に一緒に参加している女性に「彼、服のセンスないじゃん（笑）。

一緒に選んであげてよ」と言ったりします。すると、女性は嬉しそうに「任せてください」と返してくれるケースが多いのです。さて、その後、そこから恋に発展したとか、しないとか……。

外側を変えると内面も大きく変わる

見た目をよくするというのは、「誰もが振り向くイケメンになれ」というわけでは決してありません。

私のクライアントに、性格は抜群によいけれど、ちょっと太り気味で、だらしない服装の20代の男性がいました。彼にこの「営業マンは見た目が10割」の話をすると、「そうかもしれないけど、俺は太ってるし……」と、ボソボソとこれまでのモテナイ遍歴を話し始めました。普段の明るい彼からは想像もできないほど、外見にコンプレックスを抱えていることがわかりました。

そこで、ふたりで考えたのが、痩せるのはなかなか難しいので、「イケメン」ではなく「可愛がられキャラ」を目指すということでした。そのままの体型を生かしつつ、だらしなく見えない服を選び、髪型はこざっぱりと。靴は毎日磨き、名刺入れや手帳、カバンなどはいつもキレイにしておくことを徹底しました。もともとの抜群の笑顔に清潔感がプラスされ、それから1年後、彼は営業成績が社内でナンバーワンとなりました。

見た目が変わると、本人の外側からの評価が変わるだけでなく、実は本人のマインドも大きく変わるのです。

17

自分のなりたい理想の姿はドラマや小説にきっとある

他人の目が気になって仕方がない。仕事が楽しくない。仕事がうまくいっていないから不安で眠れない。食欲がない。日曜日の夕方になると、どうしようもなく気分が沈む（まさに、サザエさん症候群）……。

「仕事はやめようと思わないけど、しんどい」

そんな相談を私はよく受けます。

「では、休みの日、どうしているの？」と聞いてみると、「ゴロゴロしています」との返事。

私も中国にいた一時期、そう感じることがよくあったので、気持ちはわかります。結果も出ない。言葉がわからないから、外も出歩けない。そして、家でゴロゴロ。

今考えると悪循環でした。救いは、言葉の壁を越えてコミュニケーションをとれる剣道という武器があったこと。赴任して1年間は、会社か剣道の道場にしかいなかったように思います。剣道の道場で出会う中国人と手探りでコミュニケーションを図ると、会社で聞く中国語とは異なる言い回しを学べるので、翌日、それを会社で試したりしているうちに、だんだん中国での生活そのものを楽しめるようになっていきました。

プチ鬱状態から抜け出すのには、DVDを観るのも効果がありました。仕事から帰ってきて、ハイボール片手に、DVDショップで大量に買ってきた日本のDVDを観るのです。その内容が重要。一番ハマったのが、ドラマの『半沢直樹』でした。まさに半沢直樹に感化され、「俺もやってやる」と自分を鼓舞し、「中国でランドセルを売りまくってやる」と決意を新たにすることができたのです。

「なんて単純なやつ」と感じる方もいらっしゃることでしょう。でも、人間は自分でイメージできることには前を向いて取り組めますが、イメージできないことには動けない生き物なのです。ドラマや小説に触れ、自分の憧れる理想を作り出すのは、落ち込んだときなどに非常に効果的です。

画面の中に憧れの人を見つける

今の時代ならDVDを買い込む必要もなく、Netflix や Amazon プライムの会員になれば、映画やドラマが見放題です。きっかけはなんだっていいのです。目の前に、こうなりたいという憧れの人はいなくても、画面の向こうにはいるかもしれません。

プチ鬱状態だったある女性に、この話をすると、早速実施してくれました。すぐに海外ドラマにハマったようで、「自分のなりたい姿のイメージができてきました」と完全に感化された様子。愚痴を言わなくなり、心なしか着る服の色も明るくなり、どんどん姿勢がよくなっていきました。ついには「週末に Netflix をたくさん見るために、仕事を頑張ります！」とまで……。「いやいや、Netflix を見るために頑張るのではなくて、なりたい自分のために頑張れ」と言いたかったのですが、それは黙っておきました（笑）。

ちなみに、私は今でもハイボールを飲みながら Amazon プライムを観て、こっそりモチベーションアップをしています。山崎豊子さん原作の『沈まぬ太陽』はいったい何度観たかわかりません。

とにもかくにも、落ち込んだときに休日を家でゴロゴロ過ごすのは悪循環。だまされたと思って、ぜひ映画やドラマを観てみてください。

18

身体と気疲れのコリが取れる自分だけの方法を見つける

私はビビリですから、気疲れをします。疲れはなかなか抜けないので、肩こり、背中や足の張り、腰痛に悩まされます。寝つきが悪く、朝起きても疲れが取れていないことがよくあります。

もしかして、みなさんも同じですか？

これは、ビビリである限り付いて回るもの。私はあきらめています。ビビリを克服するのは至難の業なので、ビビリを受け入れて、強みにしていくことを考えるようにしています。

だからこそ、周りに気を使いすぎて〝気遣いMAX〟、しんどくなったときの「自分対処法」だけは、しっかり持つようにしています。

しんどいときの自分対処法とは？

自分対処法、私はいろいろ試しました。

腕がいいと評判のマッサージにもたびたび通いましたが、1〜2日すると元に戻ってしまいます。マッサージに毎日通える環境があるのであれば、毎日通うことで身体も心もリセットできますが、普通の人だと週に1度が精いっぱい。お金もかかるので1か月に1回という人もいます。リフレッシュする間隔が空いてしまうのは、どうも私の気疲れ体質には向かないようです。たとえ毎日受けたとしても、翌日、人に会えばまた肩が凝ります（笑）。鍼灸、整体、カイロプラクティック、中医なども試しました。

結局、外から施術したものでは解決しない。自分で継続して行うことが大切と考え、身体全体に張り巡らされている筋肉を包む筋膜のよじれやねじれを解消する筋膜リリースを、家で毎日するようになりました。フォームローラー（ヨガポール）とマッサージボールで、張っているところをゴリゴリやるだけですが、効き目は抜群です。身体のコリと気疲れのコリが、ゴリゴリするうちに消えていくのです。

「その日の疲れは、その日のうちに」が原則です。

もちろん、人によって合う合わないがあるでしょう。私の場合は、自分対処法が筋膜リリースだったというだけです。試行錯誤しながら、一番自分に合うものを探してみてください。探し方がわからない場合は、周囲の先輩や友人に聞いてみて、ピンときたものを実践してみるとよいでしょう。それを繰り返していくうちに、あなたならではの自分対処法が見つかるはずです。

「ヨガが自分に合っていた」という人もいれば、「身体を動かすことよりも、〝一人カラオケ〟が効果的だった」という人もいました。「仕事のことを忘れて、〝撮り鉄〟になれる週末があれば大丈夫」という人もいます。

「しんどいときにこうすれば楽になる」という自分のパターンを見つけておくことが、ビビリ体質には、仕事のパフォーマンスを上げる際に欠かせないことなのです。

集中できて、フィット感があるか？

私は剣道の稽古中は、仕事での嫌なことをすべて忘れています。稽古に必死なだけなのですが、稽古のあとには、第二道場と呼ばれる飲み会が多々あり、仕事が詰まっていても、しんどいときほど積極的に参加するようにしています。剣道の先輩＝人生の先輩も多いので、いろいろな話を聞いたり、逆に聞いてもらったりして、自分をさらけだせる楽しい時間になっています。

考えてみると、私にとって剣道は、しんどいときの自分対処法のひとつなのです。周囲に対して気を使いすぎると、気疲れがおきて身体もしんどくなる。それは避けることができないので、そのしんどさを解消する自分なりの方法を用意しておくことが大切なのです。

ポイントは、継続して実践でき、そこに自分自身がフィット感を感じられるかどうか。つまり、自分なりの方法に集中して、それを継続することで、気を使っていたこと（＝気疲れ）を解消する状態をつくるということ。人によって、身体を動かすことだったり、歌うことだったり、YouTubeを観ることだったりと、さまざまですが、簡単なことでもいいので、それを習慣にすることが、何よりも大切です。

一人で過ごすことが好きな人も、仲間とワイワイやることが好きな人もいるでしょう。「どうすればいい」という正解は無限にあります。大切なのは、「それをしているときに余計なことを考えず集中できるかどうか？」「楽しく自分自身がその時間を過ごすことにフィット感を感じられるかどうか？」のふたつです。

あなたもぜひ、「楽しい」と心から感じられる、そんな時間を見つけてください。

第4章

繊細な自分を活かす

繊細さを武器にすれば
打たれ弱くても
心配性でも成長できる

仕事とプライベートのバランスが上手に取れない人は多いでしょう。実は、私がそうです。プライベートの時間でも、仕事が頭から離れることはありません。教員時代もそうでしたし、中国でのランドセル販売時代もそうでした。今は、そのころ以上にそうなっています。仕事のハードさなどの問題ではなく、これは性格の問題です。

独立してからは、休日でも仕事関係の電話やメッセージが入ります。土曜日や日曜日に研修があり、翌月曜日は代休のつもりでアポイントを入れなかったとしても、必ず何かしらの連絡があります。正直なところ、全く気が休まることはありません。

「休日ぐらい仕事の電話やメールを無視すればいいじゃないか」と言う方がいるかもしれませんが、ビビリの私にはとてもそんなことはできません。「丁寧に律儀に返すこと」で私は安心し、「無視すること」は、私自身を不安にさせるだけでしかないのです。

オンとオフをあえて切り替えない

もちろん、そんな自分に対していろいろなことを試しました。

ゴールデン・ウィークにトライしたのは、完全デジタルデトックス。「スマートフォンやパソコンなどのデジタルデバイスを一切見ない」と決めたのです。これで仕事をシャットアウトしてリフレッシュできるはず……でした。結果として、このデトックスは1日しか持ちませんでした。

電源を切ってしまったがゆえに、「今、この瞬間にも大事な仕事の連絡が入っているかも」と考えて不安になり、イライラしてしまうのです。たまりかねて翌朝、電源を入れてみると、ものすごい勢いで連絡を知らせる通知がありました。たった1日で、メール、LINE、Messenger、Chatworkなど、100件近い連絡が入っており、思わず画面から目を背けてしまいました。1通ずつ返事をすることを考えると、まとめて対応する方がかえって大変です。

このとき私は悟りました。いつどこにでも情報が届いてしまう過密なデジタルの時代に、「オンとオフを切り替える」という発想はやめよう。「イライラの根源は、オン・オフの問題ではなく、失敗に対する不安。これは私の性格だから仕方ない」と、そういう自分をまるごと受け入れることにしたのです。ただし、前述したように「休みのときには不必要にＳＮＳには触れない」は、マイルールとしています。

仕事で海外に行くときは必ず、日本で「ポケット Wi-Fi」を借ります。ＳＩＭカードの方が断然安いこともよくわかっているのですが、何らかの不具合があるかもしれないですし、すぐには使えないかもしれません。そう思うこと自体が、私にとっては大きなストレスになるのです。ポケット Wi-Fi を、羽田・成田・関空などにある同じ会社で借りることが私の安心につながります。飛行機から降りたらすぐに日本と同じ環境でネットにつながる――、それが海外時間の安心になるのです。

世の中でよく言われる「オンとオフを切り替えるべき」というセオリーですが、このことに限らず、一般的に「すべき」と言われることを鵜呑みにしないこともときには大切です。

一番大切なのは、自分が心地よいかどうかなのです。

19

減点法ではなく加点法で物事がうまくまわりだす

仕事をしていると理不尽なことはたくさんあります。

「何で俺よりもあいつの方が、役職が上なんだ？」

「あのサボっているやつの方が評価されるのはなぜ？」

「俺ばっかり、何で……」

こんな声は、若手に限らず、ベテランの方からもよく聞こえてきます。

私自身も教員時代には、「あいつ、使えないな」「あいつ、自分のことしか考えてないよな」などと、よく言っていました。まさにストレスのはけ口として、愚痴を言う毎日だったのです。

でも、愚痴を言っても、本質的なところは何も解決しないどころか、マイナスの感情ばかりが溜まって鬱になってしまったことは、これまでにも書いた通りです。

上から目線と減点法の反省

ある日、ふと気付きました。「愚痴を言っている人って、かっこ悪いな」と。

心底そう思ったきっかけは、振り返ってみると、中国でランドセルが爆発的に売れたときです。結果を出したことで、周りの評価が大きく変わりました。そのとき、ふと周りを見て、愚痴ばっかり言っている人が、非常にかっこ悪く見えたのです。ほんの少し前までは自分もそうだったのに、ステージが変わると見えてくるものが変わりました。

とはいえ、結果を出せたのは、中国に赴任し、常に自分の思い優先で、上から目線で社員に接していたことで起きた中国人社員のクーデターがあったからです。私の心の中にあったどこか傲慢なところが、気づかぬうちに伝わっていたのだと思います。ドカーンと衝突して、私は大反省することになりました。

よくよく考えると、私は中国人スタッフをいつも「減点法」で判断し、評価していました。理想とする社員像が自分の中にあり、それと比べて「こんなことも、できていないのか?」「どうして、こんなこともわからないのか?」とずっとイライラしていたのです。

そんな上司のそばにいて、部下たちは楽しいはずもなく、やる気も湧くはずがありません。

そのときの衝突が激しかった分、反省した私は大きく変わりました。ちゃんと部下たちに謝り、発想を全く逆転させたのです。

加点法の評価がいい循環につながる

「何で、そんなことができないのか？」というマイナス評価から、何かができたときにはとにかく「よくできたね」と、加点法で評価することにしたのです。

人間は、認められて褒めてもらえると嬉しくなり、さらに前に進めます。そして、さらに認められようと学習していくようになり、それがいい循環になって、やがて結果がついてくるようになるのです。また、何よりも評価する側の自分の気持ちが驚くほど楽になりました。

気づくと、いつの間にか愚痴を言うこともなくなっていました。常に、部下に広い心で接することができるようになり、職場の雰囲気がやわらかく、明るくなりました。その相乗効果が、中国でのランドセルブームを引き起こしたのだと思います。

目の前のことに一生懸命に取り組むようになると、他人のことが気にならなくなります。他人のことが気にならなくなると、愚痴を言わなくなります。そんな境地に自分が達すると、愚痴ばかり言って自らを改善しようとしていない人が、かっこ悪く見えてくるのです。

加点法は物事をうまく回す潤滑油

この話を、部下指導法研修などでお伝えすると、みなさんハッとされます。

日本はまだまだ減点法で評価をする社会です。例えば、学歴の高い人材を確保できたときは、大きく期待して迎えるわけですが、何か失敗や失言をするたびに、どんどん評価が下がっていきます。本来新人であれば、ゼロからのスタートなのに……。案外、その部分を忘れてしまいがちです。

「お子さんにも減点法で評価をしていませんか？」などと伝えると、さらにハッとされる方が多くいらっしゃいます。

最近の日本は、「一度失敗したら敗者復活はないのか？」というくらい叩きのめす風潮があります。芸能人や政治家がたった1回の過ちで世間から糾弾される様子を見ていると、心底怖いと感じます。それと同時に、「他人のことを言っている暇があったら、自分がすべきことをしよう」「どうでもいいじゃん、お前の生活には関係ないだろう」と心の中でつぶやいています。自分のうっぷんを、他人を叩いて晴らすしかない、心に余裕がない人が増えている証拠でしょうか。

人間誰にだって失敗はありますし、同じ行動をしてもプラスに受け取る人と、マイナスに受け取る人がいます。

●困っている人がいたら助ける

●困ったときはお互い様

●マウンティングをするのではなく、出し惜しみなく自分ができることを提供する
●感謝のキャッチボールをする
●相手を立てて認める

このように、多くの人がお互いのことを考えるようになれば、周りにも優しくできるようになり、うまく物事が進むと私は確信しています。

20

インプットだけではダメ アウトプットで人は成長する

研修時に、若手社員のこんなぼやきをよく聞きます。

「趣味もとくにありません。彼女もいません。土日は誰にも会わず一人で過ごすことがほとんどです」

「週末を一人で過ごすのは、楽と言えば楽だし、つまらないと言えばつまらないんですよね」

「暇だから、他人のブログやインスタは見るけれど、〝自分とは違うな〟で終わってしまう生活をしています」

もしかしたら、笑えない人もたくさんいらっしゃるのではないでしょうか？

怖くても、アウトプットを意識した生活を

社会人になると、人間関係が職場中心になりがちです。

インターネットの普及で、何ごとにおいてもインプットが簡単な時代になりました。

本屋さんに行かなくても本は買えますし、セミナーも会場に足を運ばなくても動画で

受講できます。調べたいことがあれば、Google や YouTube で、あっという間に、しかもお金をかけずに調べて学ぶことができます。

でも、せっかく何かをインプットしても、出口を閉じていては、何も起こりません。インプットも大切ですが、アウトプットすることで人はさらに成長するのです。これからの時代は、ある事象と事象を掛け合わせて新しい価値を生み出す〝イノベーションを起こせる人〟になることが求められます。

一人で何かをじっくり考えたり、文字に書き起こしたりすることも、自己成長には欠かせませんが、特に若いときは、気のおけない友人とじっくり本音で話すことが、一番簡単なアウトプットになります。その中で大きな気づきがあったりして、自己成長にもつながっていきます。

私のセミナーでは、他人の意見を聞いて対話をする時間を重視して、たくさんのワークやディスカッションの機会を組み込んでいます。一方的にこちらから伝えたいことだけを伝える講座なら、その内容を撮影して動画で配信し、レポートを書いてもらえばそれで済むからです。

同年代や似た境遇にある人がどんなことを考え、どんな生活をしているかを知ることで、自分の考えと生活が対比でき、さらに自分の考えや生活を発信することで同意を得られれば、自信にもつながります。だからこそ、対話の時間を重視しているのです。自分の意見を発信するのは恥ずかしいですし、否定されるのが怖い気持ちは十分よくわかります。話すことが嫌であれば、ブログでもSNSでもいいので、アウトプットを意識した生活を心がけると、成長スピードは速くなります。私も批判されるのは怖いですが、YouTubeなどで自分の考えを積極的に発信することを心がけています。

仕事とは関係のない人と思いっきり話す

もし、あなたが私と同じビビリで、相手からどう思われているのかいつも気になるタイプなら、仕事には関係ない人と積極的に会ってみることをおすすめします。気を使わずに話せることが重要で、自分とは異なる環境で頑張っている人に触れることは、必ずプラスに作用します。

自分がこうだと思っていることを、心のブロックを外して話してみると、それに対してなんらかの反応があります。それは共感かもしれませんし、否定かもしれません。否定されたとしても、友人関係なら「おまえ、変わっているな」で済むでしょう。

私にとっては、剣道の集まりがまさにそうです。仕事に関係がないからこそ、月に数回は時間を作って通うようにしています。仕事以外の話をすることが、物事をさまざまな方向から見つめ直すことにつながるのです。

「彼女はいません。土日は誰にも会わず、一人で過ごすことがほとんどです」という人には、「学生時代の友人の誰か一人に声をかけて、一緒に出かけてみては」とアドバイスしています。それを実践した受講生の中には、「楽しかった学生時代を思い出して盛り上がりました。今後は定期的に連絡をとり、３人、４人と少しずつ仲間の輪を広げることが、最近の楽しみになっています」と連絡をくれた人がいました。今は離れていても、再会して10分もあれば学生時代に戻れるというのが、昔の仲間のいいところです。そこでは、きっと本音で語れるものも多いことでしょう。

友人がいなければいとこのお兄ちゃんでもよい

学生時代の交友関係に、よい思い出がないという人もいるかもしれません。社会人になってから、本音で話せる友人ができないという人もいることでしょう。

そんな場合でも、「そんな奴いないよ」とか「無理だろう」と、頭ごなしに決めつけるのはやめましょう。先入観のブロックを外して、今まで関わった人のことをいろいろ思い浮かべてみてください。それでも、思い浮かばない場合は、親や兄弟、いとこのお兄ちゃんでも、親戚のおじちゃんでもいいのです。私は、9つ上のいとこのお兄ちゃん（とはいっても、中国駐在時代の上司ですが）とは、今でも定期的に飲みに行ったり、遊びに行ったりしています。誰にでもそういう人は必ずいるはずです。

ビビリだからこそ、気が合う貴重な友人は大切にすべきだと、私は考えます。一度仲よくなると、その関係はずっと続き、あなたの貴重な財産にもなることでしょう。

21

寄り添えることこそがあなたの大きな武器である

「先生はコーチングをどこで勉強されたのですか?」とよく聞かれます。ですが、特にどこかで習ったわけではありません。教員時代の個人面談の手法がベースです。「聴く」という字は、「耳」に「目」と「心」をプラスすることで成り立っています。そのことに気づいてから、いつも心の目で見て感じて耳を傾けるようにしています。

今では、心の目で見て感じることは、繊細な人こそ得意なことではないかと私は思うのです。

さまざまなケースを考えて寄り添う

ある企業の例です。入社4年目を迎えるAさんとBさんがいます。2人とも仕事を覚えて、お客様への提案など責任のある仕事も任されるようになってきました。仕事が楽しく、充実していて燃えています。

ある日、Aさんは課長にこんな相談、というか愚痴のようなことを言いました。

「部長に提出した企画書が、またボツになりましたよ。お客様目線に立ててないとか言って、具体的な改善点は何ひとつ教えてくれません。同期のＢはどんどん企画書を通しているし、部長はＢ贔屓《びいき》なんですよね」

それに対して、課長はこう答えました。

「部長は君のことを可愛がっているんだね。君にまだまだ伸びしろがあるってことだよ。ハハハ」

Ａさんは、がっかりしました。課長の答えに「何でそんなことを言うのだろう？　ぼくの気持ちを理解してくれ、味方してくれると思ったのに……」と、感じていたからです。

でも、課長が「確かに部長はＢを贔屓しているな」とか「君は、そうやってグチグチ言っているからダメなんだ」と答えてしまっては、Ａさんが成長することはありません。

課長は、こう続けます。

「君は厳しくされて伸びるタイプで、Ｂは褒められて伸びるタイプだと思うな。最近、

Bは少し頑張りすぎているようにも見えるから、部長はその辺を理解しながらBをフォローするんじゃないかな」

Aさんは、そこでようやく気づきました。「Bは確かに頑張りすぎている。ぼくは部長に期待されているから厳しくされているのかも。確かにぼくは褒めるとすぐ調子に乗るところがあるし……。さすが、部長はよく見ている」と。

Aさんは、自分のことだけでなく、Bさんや部長の立場や気持ちも察することができ、視野が広がったのです。こういうことは、仕事も覚え、楽しくなってきているころにはよくあります。

もしかすると、このあとAさんは、Bさんを飲みに誘って愚痴を聞いてあげるかもしれませんし、Bさんと協力し合いながら、よい提案をまとめていくことができるようになるかもしれません。

繊細だからこそ、気持ちに寄り添える

自分が一生懸命になると、周囲が見えなくなり、不平・不満・愚痴が自分の外に飛び出してしまうことは、大人の世界でも往々にしてあります。そんなときにこそ、まず冷静になってみることが大切です。その上で、相手の〝本当の気持ち〟や〝行動の真意〟を考えることが、私は大切だと考えます。

先ほどの例で言うと、Aさんが、部長の〝本当の気持ち〟や〝行動の真意〟を推察していれば、課長に愚痴のような相談をすることはなかったかもしれません。

私たちビビリは、「叱られたくない」「否定や批判をされたくない」という気持ちは人一番強いので、相手の気持ちに寄り添うのは得意です。つまり、〝本当の気持ち〟や〝行動の真意〟を推察するのも得意なはずなのです。

先ほどの例で言うと、Aさんは、課長が期待する答えをくれなかったことに、びっくりした反面、真剣に自分の話に耳を傾けてくれるとも感じたのではないでしょうか。

愚痴のような相談であるにもかかわらず、ありきたりの答えで誤魔化さず、問題を一緒に解決する〝気づき〟を与えてくれたのだと思います。これも、相手の気持ちに寄り添える繊細な人ほど得意なことと言い換えることができます。

人として対等に真剣に話すこと

振り返ってみると、私は小学校から大学まで素晴らしい先生方に出会い、育ててもらったという強い実感があります。その出会いがなければ、教員を目指そうとも思わなかったでしょうし、今の私はありません。反抗期でめちゃくちゃなことを言っても、私のよい面も悪い面もすべてお見通しで、本気で接してくれたその経験が今に活きているのです。

例えば、高校のときの恩師である書道の先生は書道家が本業で、趣味（と言ったら怒られる気がしますが）で学校の先生をやっているような人でしたが、とにかくじっと耳を傾けてくれる人でした。私が部活のつらさをブツブツ言うと、「そうかそうか、それは大変だよなぁ」「そりゃあ、嫌だよなぁ」と言いながら聴いてくれるのです。とにかく、頭ごなしに否定するということが一切ありませんでした。

こちらがすっきり話し終えたころ、今度は先生自身の家庭の話や授業の裏話、さらには若かったころの失敗談などを、いろいろ話してくれるのです。それも案外ストレートで、「実は俺も、あいつは苦手なんだ」なんて言ってみたり、包み隠さない感じが私は大好きでした。

振り返ってみると、「人として対等に真剣に話す」ということが、「人を大切にする」ということなんだと、教えてもらった体験だったのです。先生に「おまえは勉強しないけど、人の気持ちがわかるやつだ。絶対に教員に向いているぞ」と言われたのが嬉しくて、教員を目指したように思います。

22

「自分がどうなりたいか」と「周囲にどうなって欲しいか」

研修をしていると、モチベーションの上げ方を知りたい人がとても多いように感じます。モチベーションについての話を始めると、それまで資料ばかりを見ていた人も、一斉にパッと顔を上げます。すると、まず私のモチベーションが上がります（笑）。

どうありたいのか？　どうなりたいのか？

モチベーションは「自分のありたい姿」や「自分のなりたい姿」をイメージして「自分の現在」と比較し、その差を認識した上で、その差を埋めるために必要な具体的な行動を、継続して実施することで高まっていきます。

多くの人は忙しさにかまけて、「自分のありたい姿」や「自分のなりたい姿」を具体的にイメージする時間を取ることがありません。自分がどの方向に向いているのかもわからず、暗中模索で目の前のことをこなしているために、多くの人はモチベーションが上がらないというパターンに陥っているように感じます。

「自分がどうなりたいか」について考えることも大切ですが、自分が頑張ることで「周囲にどうなって欲しいか」まで考えると、モチベーションはもっと簡単に、しかも熱く高まっていきます。

私の場合、教員時代は「生徒たちが学校に楽しく通い、社会で活躍する力を身につけてもらうこと」を目指し、中国でランドセルを広げるビジネスをしていたころは「中国の子どもたちに、ランドセルを背負って安心・安全に登下校してもらうこと」を目指していました。そして今は、受講してくださった方から、「あっという間の時間だった。楽しかった」「明日から○○を実施します」と、おっしゃっていただくことを目指しており、「前向きな気持ちで新たな一歩を踏み出していただきたい」というのが、私自身が仕事を続ける上で高いモチベーションを維持するベースとなっています。

日々ご機嫌に過ごせる種は身近にある

モチベーションを上げるためには、自分の頑張りが、「誰かの役に立つ」というのがポイントです。

これまでも散々お伝えしてきたように、私は頼まれると断ることができません。「断ったら、嫌われるし、声をかけてもらえなくなる」という恐怖心があるからです。そのため、周囲からは「また、自分の首を絞めたね」とよく言われます。でも実際は、そんな自分がどう思われるかを越え、誰かのために頑張って喜んでもらえたときにこそ、「自分自身もやってよかった」と心底思えるのです。それが、何よりのモチベーションアップにつながります。

「誰かのために」の部分は、日本を救うとか、地球温暖化を防ぐとか、そんな大きなことではなくて、もっと身近なところからの実践で構いません。

私は、未だに大学時代の友人・先輩・後輩との飲み会の幹事役をしています。「調整さん」などのツールやLINEグループを駆使して、日程調整からお店選びまでこなします。1次会のみならず、参加メンバーを想定しながら2次会の場所まで予約する完璧さ。確かに面倒な作業なのですが、経験値が上がり、いつしか「北に任せておけば大丈夫」と言われるようになりました。「お前が音頭をとってくれないと始まらないよ」なんて言われて、密かに嬉しくなる自分がいます。そして、段取りを整えると、輪の中心にいられるようになる特典までついています。日々ご機嫌に過ごせる種は、案外身近なところにあるものです。

モチベーションとパフォーマンスは表裏一体です。モチベーションが低いところにハイパフォーマンスはありません。自分で自分のやる気のスイッチを見つけ、自分でそのスイッチを押すことができるようになれば、怖いものはありません。

私のやる気スイッチは、「頼られる」のようです。

みなさんもぜひ、自分のやる気スイッチを探してみてください。

第5章

しんどい自分と上手に付き合う

しんどくなりそうなら無理をしないで呼吸を意識してみる

前述したように、私は教員時代、鬱病と診断されたことがあります。やる気が起きず、身体に力が入らない。食欲もなく、夜も眠れない。流す涙も枯れてしまい1日が過ぎるのをただずっと待っているだけ。楽しいとか楽しくないということすら考えられないまま、ベッドでボーっとしていました。

行動が、苦しい状況の改善の第1歩だった

そんな状態が2か月を過ぎたころくらいからでしょうか。思考ストップの状態から一転して、今度は、このままでは自分はどうにかなってしまう……と、とてつもない不安に襲われるようになりました。部屋の片隅で、膝を抱えて体育座りをし、ガクガク震え、まさに暗黒の日々でした。

そんな私が立ち直れたのは、当時関西で仕事をしていた私に、伯母であるランドセルメーカーの社長と母親から「苦しいことを続けることはないよ。東京に帰っておいで」と連絡をもらったのがきっかけでした。

子どものころからの夢だった教師という仕事を捨てるのは「かっこ悪い」ことだと思いましたし、「周囲からどう思われるだろう」「逃げ出したと思われるのは嫌だ」と、そんなことをぐるぐる考えました。

でも、そう考えても何も解決しないことは自分が一番わかっていました。

毎日のように「このままでいいのか?」「社会復帰できなかったらどうしよう?」「自分は敗者だ」と、同じことを考えていましたが、それを払拭するには、とにかく自分自身をとりまく環境を変えるしかないのです。

「環境を変えて転職してみるか？　教員免許がある限り、また教員になれるはず」

そう思い、ある晴れた日、行動に移したのです。

今思うと、あのときの自分は、憧れだった教員という仕事に固執しすぎていました。「よい先生でいなければいけない」ということにしがみつき、一人の人間としての生き方について全く考えていなかったのだと思います。

まず退職願いを書き、校長宛てに郵送をしました。数日後、校長から電話で「受理します」と連絡をもらったときに、何かがズドンと音を立てて、自分の中から真下の方に抜けていくのを感じました。

いきなり身体も心も軽くなり、自分でもびっくりしたことを昨日のように覚えています。

今すぐにでも外に出て何かをしたいと感じ、お世話になった先生にそのことを報告するメールを出しました。そして、「飲みにつれて行ってください」とお願いしたのです。ここで、一人で飲みに行けないのが、自分です（笑）。その先生からは、すぐに返信がありました。「飲みに行くのはええけど、まずは病院に行って診てもらって来い」と……。確かにそうです。周りの方々に大変な心配をかけていたのだと気づきました。すぐに病院に行きました。きっと顔つきも何もかも違っていたのだと思います。先生から優しい笑顔で「薬をやめていいです。もし何かあればいつでも来てください。何もなければ、もうここには来なくても大丈夫ですよ」と言われたのです。その後、私が病院に行くことはありませんでした。

剣道の先生直伝の〝緊張を和らげる呼吸法〟

それからというもの、自分がしんどくなり、「これは危ない」と感じるときには、「その状況からあえて離れる」という選択肢が生まれました。本当にしんどいときは、その状況から距離を置いてみる。あえて「しない」ということも、ときには人生において大切なことだと思います。

私は、しんどいと感じるときは呼吸を意識するようになりました。剣道八段の大先生直伝の〝緊張を和らげる呼吸法〟です。

仕事や時間に追われていたり、上司から叱られたりして、身体や心が張り詰めた状態を「緊張」と言います。これは、交感神経と副交感神経のバランスを失うことで起きます。自分の意思の力でどうにかなるものではありません。ですから、神経のバランスを意識して整えることがカギとなるのです。緊張を和らげる呼吸法は、やってみると、意外と効果がありました。ですので、私と同じように「失敗したらどうしよう」

「迷惑をかけたらどうしよう」「嫌われたらどうしよう」と、いつも考えているビビリの仲間のみなさんにも共有したいと思います。

①目を閉じて、息を吐ききって2秒止める
②3秒かけてゆっくり息を吸い込む
③息を吸い込んだら、2秒止める
④15秒かけてゆっくり息を吐く

これを、気持ちが落ち着くまで繰り返しやってみてください。

「息＝空気」が実際にあると考え、身体中に空気をため込み、すべてを出し切るイメージでやってみるとよいでしょう。私も自分が「緊張しているな」「心が乱れているな」「気持ちがしんどいな」と感じたら、この呼吸法をしています。電車の中でもどこでもできるので非常に便利です。実践すると視界がパッと開けます。

23

何をすべきかわからないなら尊敬する人の行動を真似る

２０４５年にはＡＩ（人工知能）が人間の脳を超えるシンギュラリティ（技術的特異点）を迎え、今ある仕事の約半分がＡＩやロボットに取って代わられるなどと言われることがあります。ＡＩは大量のデータを用いて物事を効率化することは得意ですが、ゼロから何かを生み出すことはできません。ビジネスや事業の開発、コミュニケーションや人間に感動を与えるような仕事は、おそらくなくならないでしょう。とはいえ、こんな話を聞くと、誰しも将来が不安になるはずです。

将来については誰もわからない

「信用スコア」という言葉を聞いたことはあるでしょうか？　銀行などからお金を借りるときは、「職業」「年収」「担保」などの情報をもとに、いくら貸せるか（あるいは貸せないか）が判断されますが、これからはＡＩを用いた「信用スコア」で、その判断がされるようになると言われています。すでにお隣の中国では、一般的になりつつあります。

信用スコアは、個人情報や支払い履歴だけでなく、SNSでの発信やアクセスしたWebサイトの情報などもデータとして用いて、「考え方」「性格」「生活習慣」なども加味されて決まっていくと言います。スマホ内だけの個人情報であったはずの「毎日の運動」「学習」「睡眠」「お金の使い方」などが信用スコアに反映されるようになってくるのです。つまり、人間性も信用度に組み込まれる時代の到来です。

信用スコアが高いほど、融資を受けたり、より多くのサービスを受けられたりするようになり、おそらく就職や転職にも大きく影響してくるでしょう。そう考えると、ますます不安な気持ちになってくるはずです。

しかし、将来についての正解はどこにもありません。

不安でも、立ち止まってはいけない

漠然とした不安があると、悪いことばかりを想像してしまい、何をすればよいのかわからなくなってしまいがちです。でも、自分がビビリだと認識しているからこそ、不安だからといって立ち止まってはいけません。これまでに何度も説明したように、立ち止まってしまうと、負のスパイラルに陥ってしまうのが、私たちビビリの特徴です。行動を起こすことで事態を打破するしかないのです。それを痛いほど知っているのが、私たちビビリです。

エジソンは「私は失敗したことがない。ただ、1万通りのうまくいかない方法を見つけただけ」と言っています。これは「成功の反対は失敗ではなく、挑戦しないことである」と置き換えることができ、私自身もビビッたり、怖くなったときには、自分自身に言い聞かせるようにしています。

悩んでいるだけで行動を起こさないと、何も変わりません。しんどいし、不安だからこそ、走りながら、自分を成長させることが必要なのです。

尊敬する人を真似て行動してみる

とはいえ、具体的に何をすればよいのか、わからない方も多いことでしょう。

そんなときは、身近な尊敬できる人をモデルにして、行動を真似てみてはいかがでしょうか。仕事のやり方や言葉使いはもちろん、休み時間の過ごし方（読書やジョギングなど）、さらには居酒屋でお酒を飲む順番まで、ありとあらゆることをひとまず徹底的に真似てみるのです。不安な状況から脱したいときだけでなく、何かを身につけたり、スキルアップをはかりたいときにも、ロールモデルを決めることが一番の近道であったりします。

ポイントは「守破離」。これは、武道でよく使われる、修行における三段階を示したもので、「守」は師の教えを忠実に守って身につける段階、「破」はその中でよいものを取り入れて発展させる段階、「離」は独自の新しいものを生み出す段階を指します。

実際に真似をしてみると、「どうして、そうするのだろう？」「なぜ、ここでそれをやるのだろう？」と、いろいろな疑問が湧いてくるはずです。一人で悩んでいても、その答えはわかりません。ですので、思い切ってその人に聞いてしまいましょう。

尊敬する人にアプローチする方法は、とてもシンプルです。直球です。勇気を振り絞って、「先輩を見習いたいです」「真似させてください」と素直に伝えてみてください。そんな風に言われたら嬉しいはずですし、このような伝え方をして、嫌な顔をされることはまずありません。私も、いつもそのようにしています。

最初だけ勇気が必要ですが、このように宣言すると、その方ともいい関係が築けますし、自分にもスイッチが入って頑張ることができます。

まず、その人の行動を徹底的に真似る。同じ行動をしてみる。

その上で、「自分もこうすればいいんだ」「こういうのがやっぱりいい」「さすが」などと納得感が得られてきたら、少しずつ自分なりの形にしてみる段階、つまりは「守破離」の「破」や「離」の段階へ移行していけばよいのです。

繰り返します。不安で何をしていいかわからない場合は、身近な「すごい」と感じる人に「真似させてください」と宣言することから始めましょう。何もしないでいると、負のスパイラルに陥ります。大切なのは、行動すること。走り続けていれば、必ず道は開けてくるものです。

24

成功パターンを見つけて小さなことでも続けてみる

ここまで、自分の内面を正直にお伝えしてきましたが、もしかしたら、私に対して、「否定されるのが怖いビビリのくせに、どうして研修やセミナーで講師を続けていられるのか？」と、疑問を感じている方もいらっしゃるかもしれません。私が講師として第一線を走り続けるために、普段からしていることがありますので、最後に紹介したいと思います。

成功パターンをいつでも再現できるようにする

講座やセミナーを受講してくださる方の立場からすると、自分に自信のない講師からは学びたくないはずです。

私は研修に出かける際、家の鍵を閉めたときの「カチッ」という音、ホテルの部屋のドアを「ガタッ」と閉めたときの音を、「自信にあふれ、堂々とした講師」を演じるスイッチにしています。この瞬間から、私は別人となります。

スイッチを入れたら、誰にどこで会っても恥ずかしくない行動をしたいと思っています。背筋を伸ばして、歩幅も大きく歩き出します。すると、自然と笑顔にもなっていきますし、挨拶する声も大きくなります。その〝堂々とした北宏志〟は、再び家のドアを「カチッ」と開けるまで続きます。

こんな風に考えて行動するようになってから、どうしたらひとつひとつの仕事がうまくいくか、逆にうまくいかないかが、わかるようになってきました。

うまくいったこと、うまくいかなかったことは、メモをして記録としてすべて残し、再現性を持たせられるようにしています。

例えば、私の場合は「家を出るときからネクタイを締め、帰宅時まで緩めたり外したりしなければ研修がうまくいく」「駅で複数個の改札がある場合やトイレでは一番右側を使用する（右に出る者はいない、という暗示のため）」などなど……。それを蓄積していくと、やがて自分の勝ちパターンが見えてくるようになりました。

自分がどうしたらうまくいくのかを振り返って記録として残した結果、同じようにいつでも再現することができるようになったのです。これらは、あくまでもゲン担ぎや自己暗示のようなものですが、これらを上手に活用して、「これをすれば絶対大丈夫」という気持ちを持つことこそが大切なのです。

自信のなさを減らすことはできる

第3章でお伝えしましたが、「人は見た目が10割」とセミナーでお話をしている手前、体型にも気を使わざるを得ません。ですが、実はすぐに太る体質なので、結構苦労しています。

私は限界体重を決めています。それは76キロです。これを超えそうになったら、ダイエット開始命令を自分に出します。

少し前までは炭水化物を抜き、朝昼晩、サラダチキンとノンオイルドレッシングと野菜サラダだけの食事に切り替えていました。その上で剣道の練習を週1～2日にして、最大1か月半で8キロ減を目指します。仕事上のお付き合いで食事をご一緒するときは、希望が伝えられる場合、できるだけ大衆居酒屋（野菜中心のメニューが豊富で食べたいものを伝えられるからです）にしてもらい、ハイボールを最大でも2杯、食べ物はスライストマトを頼むなどの工夫をしていました。

こんな生活をつい1年半ほど前まで続けていたのですが、この方法だとリバウンドもしますし、頭もボーっとするのでやめました。

今では「とにかく時速4キロの早歩きで有酸素運動」「暇があれば筋力トレーニング」「アポとアポの間の時間をみつけてジムに通う」という生活を意識して、体型を維持しています。

以前のダイエットは、健康面で考えると愚かだったと自分でも思いますが、それでも「目標を決めて継続的に行動をすると何かしらの成果が出る」ということを体感できる点では、自分にとって、とても重要なことだったと思います。

ダイエットがうまくできない理由は、誘惑に負けてしまうことです。やると決めたらやる。やってみると、いろいろなことが見えてきます。目標を達成するためには、軌道修正の連続になることもあります。まずは、やってみるのが大事なのです。ダイエットのモチベーションが、異性からモテたいでも大いに結構です。

自分だけの成功パターンを蓄積してそれを実行する。あるいは、目標を定めてとにかく継続する。その上で、なんらかの結果をしっかりと実感する。その積み重ねが、やがて自分を信頼する力に変わっていきます。

ダイエットは、あくまで例のひとつでしかありません。簡単なことからでよいので、毎日継続できることを実践してみてください。ハードルを上げすぎず、小さなことでも、コツコツとやることで必ず何かしらの成果が出るはずです。

私のビビリという性格は一生変わらないでしょうし、そのことについては完全に諦めていますが、「自信のなさを減らすこと」は、できると思っています。

ビビリな私でも研修業界の松岡修造と呼ばれるようになった

私は、教員時代から「熱血教師」とよく言われていました。私にはその自覚は全くないのですが、「伝えたい」「わかってもらいたい」「もっとよくなって欲しい」という思いがどんどん湧き立ってきて、大声で身振り手振りを交え、必死なんだと思います。研修講師になった今でも、できるだけマイクを使わず、地声で思いを届けたいと思っています。数日研修が続くと声がかすれてきてしまいます。受講される方や研修の主催者からは「熱い講話でした」「話を聞いて元気になりました」「励まされました」、そして「まさに〝研修業界の松岡修造〟ですね」という言葉までいただけるようになりました。

やったことへの後悔はないようにする

実はこの本を執筆しているときも「受け入れられなかったらどうしよう」「批判されたらどうしよう」と、ビビリ丸出しの不安な状態の日々でした。仕事をしていても、常に不安な気持ちから離れることができません。

自分に自信がないから臆病になります。しかし、見方を変えれば、自信がないからこそ、なるべく失敗をしないようにし、万が一、失敗をしても、その失敗を二度と繰り返さないように、細心の注意を払っているつもりです。

加えて、一度成功したとしても、「次は失敗するかもしれない」との考えがすぐに浮かんでくるので、うぬぼれることもありません。最大限によく言えば、ずっと謙虚な気持ちでいられるのです。

今は、レジリエンス（さまざまな環境や状況に対して適応して生き延びる力）の高い生き方が必要と言われています。あらゆる事態を想定してそれに備える「備えあれば憂いなし」の考え方が必要な時代に、自分のこの臆病な性格は、意外とマッチしているかもしれません。

私は、年間１３０回以上の講演や研修に登壇をしています。新規の仕事もありますが、リピートがほとんどです。これは、ビビリな性格が少なからず関係しているのではないかと思っています。

「受講者や主催者に満足してもらえなかったらどうしよう？」
「受講生に学ぶことはなかったと思われたらどうしよう？」
「アンケートの評点が低かったり、悪く書かれたりしたらどうしよう？」

そんなネガティブなことばかり考えています。

終了後に主催者からアンケートを渡されるあの瞬間は、何百回、講演や研修をやってもどうしても好きになれません。ですので、低い評価、いや悪い評価にならないよう、全力・全身全霊・一生懸命・一心不乱に取り組んでいます。

私にとっては、年間１３０回のうちの1回でも、受講される方にとっては、最初で最後というケースもあることでしょう。生まれて初めての研修という場合も往々にしてあります。その1回が満足できず、「研修やセミナーはつまらないもの」「時間の無駄」と思われてしまったら、それこそ責任重大です。

トップ講師と呼ばれるようになった今でも、研修が始まる前に必ず自分に言い聞かせていることがあります。それは、「もし仮に研修後の帰宅途中に、電車にはねられたとしても、飛行機が墜落したとしても、今日の研修で自分の持っているすべてを伝えきったから後悔はないと思えるようにしよう」です。

今日もし人生が終わったら、「やりたいことへの未練はあるが、やったことへの後悔はない」ということです。

自分の性格と上手に付き合うのが大事

仕事もプライベートも、私たちが生きていくのは、決断の連続です。常に後悔のない決断ができるようになりたいものです。自分の短所や弱みを消し去ることはできません。しつこいようですが、私は消し去ることはすでに諦めていて、どうしたらこの性格とうまく付き合えるかをずっと考えてきました。

失敗やピンチ、鬱病を乗り越えながら、何とかここまで来ました。

短所や弱みも、見方を変えれば、長所や強みに変わるものです。私にできたのですから、この本を手に取ってくださったみなさんにも必ずできます。これからの仕事と人生、一緒に楽しみながら頑張っていきましょう。

そしてまさか、自分が本の著者になるとは夢にも思っていませんでした。

みなさんと私のどちらがビビリでしょうか？　私たちは同じビビリ仲間です。

この本では、ビビリ仲間の私が、なんとかうまく社会で生きていく方法をまとめてみました。みなさんも「これは」というものがあれば、ひとつだけでもいいので、ぜひ実践してみてください。

人生は一度きり、タイム・イズ・マネーです。

「明るく！」「楽しく！」「元気よく！」と、仕事や生活ができることが一番だと思います。

右も左もわからない私を、優しいまなざしで見守りアドバイスをくださった三才ブックスの神浦高志様、並びに社員の皆様、文章を書くのが苦手な私を叱咤激励しながら献身的にサポートしてくれた文筆家である一凛堂代表取締役の稲垣麻由美様、そして、若者の目線で仕事が忙しい中アドバイスをくれた、教え子であり現在はよき友人である、寺井直希君・山内健太郎君・波岡可織さん・大田美南子さん、今までにたくさんの経験をさせてくれた先生・先輩方、そして友人や後輩、両親をはじめとする親族に、厚く感謝と御礼申し上げます。

ありがとうございます。

北　宏志

ビビリの人生が変わる
逆転の仕事術

2020年8月20日　第1刷発行
定価（本体1,300円＋税）

著者　北 宏志
協力　稲垣麻由美
装丁・DTP　ISSHIKI
写真　井出 真（トルヒト）

発行人　塩見正孝
編集人　神浦高志
販売営業　小川仙丈　中村 崇　神浦絢子

印刷・製本　図書印刷株式会社

発行　株式会社三才ブックス
〒101-0041
東京都千代田区神田須田町2-6-5 OS'85ビル3F
TEL:03-3255-7995
FAX:03-5298-3520
URL:http://www.sansaibooks.co.jp